中华精神家园

古建涵韵

古街韵味

古色古香的千年古街

肖东发 主编　牛　月 编著

中国出版集团

现代出版社

图书在版编目（CIP）数据

古街韵味：古色古香的千年古街 / 牛月编著. —
北京：现代出版社，2014.5（2019.1重印）
ISBN 978-7-5143-2317-7

Ⅰ．①古… Ⅱ．①牛… Ⅲ．①城市道路－介绍－中国
Ⅳ．①K928.5

中国版本图书馆CIP数据核字（2014）第085385号

古街韵味：古色古香的千年古街

主　　编：肖东发
作　　者：牛　月
责任编辑：王敬一
出版发行：现代出版社
通信地址：北京市定安门外安华里504号
邮政编码：100011
电　　话：010-64267325　64245264（传真）
网　　址：www.1980xd.com
电子邮箱：xiandai@cnpitc.com.cn
印　　刷：三河市华晨印务有限公司
开　　本：710mm×1000mm　1/16
印　　张：9.5
版　　次：2015年4月第1版　　2021年3月第4次印刷
书　　号：ISBN 978-7-5143-2317-7
定　　价：29.80元

党的十八大报告指出："文化是民族的血脉，是人民的精神家园。全面建成小康社会，实现中华民族伟大复兴，必须推动社会主义文化大发展大繁荣，兴起社会主义文化建设新高潮，提高国家文化软实力，发挥文化引领风尚、教育人民、服务社会、推动发展的作用。"

我国经过改革开放的历程，推进了民族振兴、国家富强、人民幸福的中国梦，推进了伟大复兴的历史进程。文化是立国之根，实现中国梦也是我国文化实现伟大复兴的过程，并最终体现为文化的发展繁荣。习近平指出，博大精深的中国优秀传统文化是我们在世界文化激荡中站稳脚跟的根基。中华文化源远流长，积淀着中华民族最深层的精神追求，代表着中华民族独特的精神标识，为中华民族生生不息、发展壮大提供了丰厚滋养。我们要认识中华文化的独特创造、价值理念、鲜明特色，增强文化自信和价值自信。

如今，我们正处在改革开放攻坚和经济发展的转型时期，面对世界各国形形色色的文化现象，面对各种眼花缭乱的现代传媒，我们要坚持文化自信，古为今用、洋为中用、推陈出新，有鉴别地加以对待，有扬弃地予以继承，传承和升华中华优秀传统文化，发展中国特色社会主义文化，增强国家文化软实力。

浩浩历史长河，熊熊文明薪火，中华文化源远流长，滚滚黄河、滔滔长江，是最直接的源头，这两大文化浪涛经过千百年冲刷洗礼和不断交流、融合以及沉淀，最终形成了求同存异、兼收并蓄的辉煌灿烂的中华文明，也是世界上唯一绵延不绝而从没中断的古老文化，并始终充满了生机与活力。

中华文化曾是东方文化摇篮，也是推动世界文明不断前行的动力之一。早在500年前，中华文化的四大发明催生了欧洲文艺复兴运动和地理大发现。中国四大发明先后传到西方，对于促进西方工业社会的形成和发展，曾起到了重要作用。

　　中华文化的力量，已经深深熔铸到我们的生命力、创造力和凝聚力中，是我们民族的基因。中华民族的精神，也已深深植根于绵延数千年的优秀文化传统之中，是我们的精神家园。

　　总之，中华文化博大精深，是中国各族人民五千年来创造、传承下来的物质文明和精神文明的总和，其内容包罗万象，浩若星汉，具有很强的文化纵深，蕴含丰富宝藏。我们要实现中华文化伟大复兴，首先要站在传统文化前沿，薪火相传，一脉相承，弘扬和发展五千年来优秀的、光明的、先进的、科学的、文明的和自豪的文化现象，融合古今中外一切文化精华，构建具有中国特色的现代民族文化，向世界和未来展示中华民族的文化力量、文化价值、文化形态与文化风采。

　　为此，在有关专家指导下，我们收集整理了大量古今资料和最新研究成果，特别编撰了本套大型书系。主要包括独具特色的语言文字、浩如烟海的文化典籍、名扬世界的科技工艺、异彩纷呈的文学艺术、充满智慧的中国哲学、完备而深刻的伦理道德、古风古韵的建筑遗存、深具内涵的自然名胜、悠久传承的历史文明，还有各具特色又相互交融的地域文化和民族文化等，充分显示了中华民族的厚重文化底蕴和强大民族凝聚力，具有极强的系统性、广博性和规模性。

　　本套书系的特点是全景展现，纵横捭阖，内容采取讲故事的方式进行叙述，语言通俗，明白晓畅，图文并茂，形象直观，古风古韵，格调高雅，具有很强的可读性、欣赏性、知识性和延伸性，能够让广大读者全面接触和感受中国文化的丰富内涵，增强中华儿女民族自尊心和文化自豪感，并能很好继承和弘扬中国文化，创造未来中国特色的先进民族文化。

2014年4月18日

多元共存——澳门古城区

中国华尔街——平遥南大街

拉萨八廓街

　　6世纪中叶，藏王松赞干布为了纪念泥婆罗尺尊公主入藏，下令在卧堂湖修建了大昭寺，并在湖边四周修建了4座宫殿，这4座宫殿就是八廓街的最初原形。

　　大昭寺建成后，吸引了众多朝圣者前来朝拜，久而久之就在大昭寺四周踏出了一条小径，形成了早期的八廓街。

　　八廓街又名八角街，是拉萨著名的转经道中心，是拉萨宗教、文化乃至西藏风土人情的集结地，被藏族同胞称为"圣路"。

八廓街由来与古建筑

　　6世纪中叶，美丽的泥婆罗尺尊公主远嫁西藏，成为吐蕃赞普松赞干布的第一位妃子。

　　松赞干布为了纪念她，并感谢她将佛教带入了西藏，就决定修建大昭寺。为了保证工程顺利进展，松赞干布亲自监督工程，他率领王妃们和各位臣子住到了工程附近的涡汤湖。

■拉萨大昭寺

松赞干布在涡汤湖旁边修建了一幢名为"曲结颇章"的二层小楼，这就是后来赫赫有名的"法王宫"，是一个简朴的行宫。后来，人们在行宫前开辟了一个小广场，广场中放置着

■ 拉萨大昭寺

一个白色的香塔，相传是人们为了给财神爷烧香而特建的，祈求能够保佑自己财源滚滚。

后来，人们为了表达对赞普的尊敬，又在涡汤湖的北面、东面、东南和西南修起了四处房舍，供松赞干布和他的臣相、嫔妃们居住。

等到大昭寺建成以后，四方的游僧和八面的信徒便纷纷前来朝拜。于是，在大昭寺周围就建起了18座家族式的建筑，成为这些远道来朝佛或做买卖商人的落脚之地。

其中，有一个三层建筑叫吐巴，是西藏文字的创制者、松赞干布时期吐蕃最有名望的重臣吞弥·桑布扎的府邸。

位于大昭寺的东北部有个木鹿宁巴，也就是旧木鹿寺，吐蕃时期属于藏传佛教的宁玛派，是五世达赖为了解决来大昭寺事佛的僧人和高僧的住宿问题而建的。

木鹿寺建筑前低后高，寺前部为僧舍，后部为主

赞普 吐蕃王号。赞，雄强之意，普，男子，赞普是最高统治者。赞普与群臣每年举行一次小盟，3年举行一次大盟，通过盟誓，使臣下保证世代无条件地效忠王室。吐蕃分裂后，吐蕃各部的首长也称赞普。

间。佛殿为3间,中间佛殿近于正方形,面积近110平方米。

寺院其余三侧则是三层楼高的僧舍,每年藏历十二月二十三至二十九,木鹿寺就会举行盛大的年祭,并跳神舞木如古朵。

木鹿寺有上下两座密院,是吐蕃法王赤热巴巾赞普创建的,赤热巴巾赞普热衷于倡导并发展佛教,是吐蕃时期著名的"三大法王"之一。

木鹿寺内保存着自五世达赖以来的藏文版大藏经《甘珠尔》和《丹珠尔》的木刻雕版数万块。此外,还有在十三世达赖时期由藏传佛教著名高僧喜绕嘉措大师亲自负责刊印的藏经《甘珠尔》木刻雕版。

传说在藏王朗达玛灭佛之初,有位印度高僧班智达曾在木鹿寺闭关潜修财神法,修行了好长时间,却

■拉萨八角古街

迟迟没有应验。于是，恼怒的班智达就拿起身边的禅枕敲击财神像的腹部，就在这个时候，财神像的腹中竟然流出了金子！

因此，班智达恭敬地重塑了喀萨巴哩财神像。也就是这个原因，主张灭佛的藏王朗达玛封闭了桑耶寺等其他寺院，唯独没有封闭木鹿寺。

位于旧木鹿寺大门西面的色拉达廊，是专供寺庙僧人进出的大门。色拉达廊正对的，是大昭寺中的主佛，也就是释迦牟尼12岁时的等身像，是文成公主入藏时候带来的。

藏传佛教弟子最信仰、最崇拜此像，把它作为最大的精神支柱，称此像为觉沃仁波切。

有一幢涂满了黄色颜料的别致二层小楼是达赖密宫，它并不是寺院，而是六世达赖仓央嘉措的秘宫。六世达赖仓央嘉措不仅是历史上西藏一位杰出的宗教精神领袖，还是一位才华横溢的浪漫主义诗人。

相传，仓央嘉措为了寻找至尊救世的度母，跋山

桑耶寺 又名存想寺、无边寺，始建于8世纪吐蕃王朝时期，是西藏第一座剃度僧人出家的寺院。寺内建筑按佛教的宇宙观进行布局，中心佛殿兼具藏族、汉族、印度三种风格，因此桑耶寺也被称作三样寺。它是藏族文物古迹中历史最悠久的著名寺院，是吐蕃时期最宏伟、最壮丽的建筑。

■ 拉萨八廓街上的
庙宇

涉水走遍了藏区。

有一天，他在一个小酒馆里休息，门外有一个月亮般娇美的少女掀帘窥望，这个少女叫玛吉阿米。

后来仓央嘉措圆寂之后，人们为了纪念他，就将这个小酒馆叫作"玛吉阿米"。玛吉阿米是流传在藏区的一个美丽传说，意为圣洁母亲、纯洁少女，或可引申为美丽的梦。

后来，西藏的达官显贵和文人雅士们经常到这个小酒馆里聚会，这个小酒馆逐步形成了一个具有魅力的高雅场所。这里是一个集中了家庭气息、艺术品位和藏族风格为一体的休闲场所，四周的墙壁贴满了图片、画作和手工艺品，书架上有中外许多著名作家的原作和汉文版的西藏题材书籍。

几百年后，特别是到了15世纪，大昭寺便成了传播佛教的中心，周围也增加了数量庞大的僧舍、宗教学校和小寺庙之类的建筑。很多虔诚信佛的人干脆背

密宗 又称为真言宗、金刚顶宗、毗卢遮那宗、秘密乘、金刚乘。8世纪时印度的密教，由善无畏、金刚智、不空等祖师传入我国，从此修习传授形成密宗。因此宗讲求密法的奥秘，不经传授不能随意传习并显示给别人，所以被称为密宗。

起行囊，不远万里到大昭寺附近定居。

大批人员的入驻，大昭寺周围的服务设施、货摊店堂和手工作坊等开始建立并完善起来，这里进一步发展成了一个集宗教街、观光街、民俗街、文化街、商业街和购物街于一身的街区。

后来，大昭寺宗教地位得到进一步加强。藏传佛教认为，以大昭寺为中心进行顺时针的绕行称为转经。这种转经行动就表示了对供奉在大昭寺内的释迦牟尼佛像的朝拜，于是，大昭寺周围便成为了转经道，这里逐渐成了藏族人们心目中的圣地。

在藏语中"八"意为中，"廓"意为转。按当地的说法，以大昭寺为中心绕一周，称为转经，沿着大昭寺围墙绕一周称小转，藏语叫"惹廓"；沿着长方形帕廓街绕一周称中转，藏语叫"八廓"；沿着拉萨旧城绕一周称大转，藏语叫"林廓"。八廓街即由此得名。

转经道的出现，证实并维护着大昭寺的中心地位，寺内不仅是一座供奉佛像及圣物的殿堂，更是佛教经典中关于宇宙理想模式的现实再现，就是指曼陀罗这一密宗义理。

阅读链接

八廓街在拉萨几乎家喻户晓，无人不知，但是一提到八廓街，人们总会第一时间将之称为八角街。殊不知，八廓街才是八角街的正确称呼。

据说，当时的拉萨，容纳了来自世界各地的人们，尤其是四川人占有很大的比例。在四川方言中，"廓"与"角"的发音很相近，所以，四川人就把八廓街误读成八角街了。

至后来，一传十、十传百，以讹传讹，人们就将"八廓街"叫作"八角街"了，甚至有很大一部人以为叫"八角街"是因为环形街道有8个角呢！

八廓街是西藏历史缩影

八廓街上的桅杆

八廓街经过多少年的不断扩建发展，后来由八廓东街、八廓西街、八廓南街和八廓北街组成，是一个多边形的街道环，周长约1千多米，街内岔道较多，沿途分布各种各样的古迹。

在转经道的道口上，修建起了一个高高的"觉牙达金"大法轮柱。凡是藏族姑娘年满16岁的时候，就会到"觉牙达金"大桅杆前举行一个庆贺成年的仪式。

转经有着特定的时间，

■ 八廓街上供祈福
的转经筒

每至傍晚，原本互不相识的人们就会集结在大昭寺，严格地按照顺时针的方向沿着大昭寺周围环形的道路走下去。

大昭寺周围是藏传佛教信徒们转经的最主要的线路，每天都有佛教信徒来到这里。他们到大昭寺来朝拜佛祖，并在光滑发亮的石道上投下一道道长长短短的影子。

在法王宫北面是一座顶部为红色草墙的三层楼房，它是清朝驻藏大臣的衙门。后来从雍正皇帝开始，就派遣驻藏大臣管理西域事宜，直至辛亥革命前，清朝朝廷共派遣了84任驻藏大臣。

在位于转经路的终端有一个小广场叫松曲热，在西藏佛教史上占有重要地位。过去大昭寺举行传召大法会期间，西藏佛教界都要在这里举行盛大的考取拉然巴格西的公开辩经大会。

驻藏大臣 全称是"钦差驻藏办事大臣"，又称"钦命总理西藏事务大臣"，是清朝朝廷派驻西藏的地方行政长官，驻藏大臣代表朝廷同达赖一起监理西藏的地方事务，并设正副各一员，副职称为"帮办大臣"。

古色古香的千年古街

■ 八廓街上的货摊

唐卡 也叫唐嘎、唐喀，指用彩缎装裱后悬挂供奉的宗教卷轴画。唐卡是藏族文化中一种独具特色的绘画艺术形式，题材内容涉及藏族的历史、政治、文化和社会生活等诸多领域，堪称藏民族的百科全书。

夏帽嘎布是八廓街著名的老店，由尼泊尔人巴苏然纳创办。夏帽嘎布意为"白帽子"，因为当时的藏族人都不会叫"巴苏然纳"这个名字，看到他头戴尼泊尔白帽在店中忙着照顾生意，所以就亲切地叫他"夏帽嘎布"，久而久之，巴苏然纳就将店名改为了"夏帽嘎布"。

夏帽嘎布刚开始做羊毛生意，巴苏然纳从拉萨收集各地产的羊毛，运往尼泊尔交换糖果和布匹等生活物资，最终在拉萨创建了西藏第一家羊毛洗涤厂。除了卖羊毛，巴苏然纳还做清油、酥油等生意，获利很大。

雪域唐卡店是一个集中展示唐卡艺术的地方，主人叫次旦朗杰，是西藏著名的唐卡艺术师。唐卡是一种藏族地区的卷轴画，多画于布或纸上，然后用绸缎缝制装裱，上端横轴有细绳便于悬挂，下轴两端饰有精美轴头，画面上覆有薄丝绢及双条彩带。

涉及佛教的唐卡装裱后，一般会请僧人念经加持，并在背面盖上高僧的金汁或朱砂手印。唐卡的绘制极为复杂，用料极其考究，颜料色泽艳丽，经久不退，具有浓郁的雪域风格。

唐卡在内容上多为西藏宗教、历史、文化艺术和科学技术等，凝聚着藏族人的信仰和智慧，记载着西藏的文明、历史和发展，寄托着藏族人们对佛祖无可比拟的情感和对雪域家乡的无限热爱。

八廓街的外围是相对宽敞的，达官显贵们都将自己的府邸建在八廓街外围。在那个时候，八廓街是拉萨社会生活的一个缩影，包罗万象，无所不有。

在八廓街的街面上到处都是藏式楼房，这些楼房有的白墙红顶，气派宏大；有的披满灰尘，墙体歪斜，简陋残败。

八廓街里既有原来

朱砂 古称"丹"。东汉之后，为寻求长生不老药而兴起的炼丹术，使中国人逐渐开始运用化学方法生产朱砂。朱砂的粉末呈红色，可以经久不褪。我国利用朱砂作颜料已有悠久的历史。古人把朱砂磨成粉末，涂嵌在甲骨文的刻痕中以示醒目。后世的皇帝们沿用此法，用辰砂的红色粉末调成红墨水书写批文，称为"朱批"。

■ 八廓街上的商店

古街韵味

古色古香的千年古街

念珠 指佛教徒在念佛号或经咒时用于计数的串珠，是佛教为了摄心一念而拨动计数的工具。串珠用材不一，粒数有18、27、54、108之分。

的噶厦政府、地方法庭、监狱等机构，又有后来的商店、摊点、手工作坊。这里有贵族、僧人、学者，也有木匠、画匠、裁缝等手工艺人。

在小货摊、小帐篷下，是一间间向里伸展进去的小店，在小店里进行着各式各样的交易。

在八廓街的手工作坊里，人们还生产出氆氇、地毯、藏被等生活用品。可以说，八廓街成了西藏商品、物资的集散地，是藏族文化的"百科全书"。

八廓街保留了拉萨古城的原有风貌，街道由手工打磨的石块铺成，旁边保留有老式藏房建筑。街心有一个巨型香炉，昼夜烟火弥漫。

街道两侧店铺林立，有百余家手工艺品商店和200多个售货摊点，有铜佛、转经筒、酥油灯、经

■ 八廓街上的饰品

幡旗、经文、念珠、贡香、松柏枝等宗教用品。有卡垫、氆氇、围裙、皮囊、马具、鼻烟壶、火镰、藏被、藏鞋、藏刀、藏帽、酥油、酥油桶、木碗、青稞酒、甜茶、奶渣、风干肉等生活日用品。还有唐卡绘画、手绢藏毯等手工艺品以及古玩、西藏各地土特产等蕴含民族特色的商品。另外，还有来自印度、尼泊尔、缅甸、克什米尔等地的商品。

街内遗存的名胜古迹众多，有下密院、印经院、席德寺废墟、仓姑尼庵、小清真寺等寺庙和拉康12座。

下密院始建于1433年，距今约570年。系宗喀巴八大弟子中的第七位杰尊·吉饶僧格所创建。下密院主要建筑包括经堂、佛殿、辩经场、印经房等。主殿设在密院中央，坐北朝南，高4层，有房屋70余间。在主殿西边有一辩经场，中为露天场地，周围是回廊建筑，其南与印经房相通。

在这里，早晚信徒都会绕大昭寺按顺时针方向转经，因此这里成

■拉萨八廓街

为重要的民俗文化景观。在这里，餐饮的主体是藏族风味，饮酒前要敬天、地、神。

这里的餐饮除了主体是藏族风味外，其他饮食种类也很丰富，如广东菜、北方菜、湖南菜等，最多的算是四川菜。

千年八廓街融宗教、文化、商业为一体，是我国乃至世界上最具特色和魅力的历史文化街区之一，是西藏从古至今发展的历史缩影。

阅读链接

释迦牟尼的12岁等身像，最初和8岁等身像都供奉在波斯匿王那里，至印度法王达摩波罗时期，秦王符坚曾送给达摩波罗3件无价之宝，其中一件是无缝的锦衣，并向达摩波罗求取了一尊殊胜的释迦牟尼佛像，以弘扬华夏佛法。

达摩波罗为了印中两国的友谊，决定将国宝释迦牟尼12岁等身佛像送往中国。当达摩波罗走进供奉释迦牟尼佛像的神殿时，发现这尊本来朝南而坐的圣像，居然面向东方了。达摩波罗想："原来，佛祖早就心向华夏了。"

于是，达摩波罗建造了一艘又大又结实的船，船身挂满了旗幡彩带，乐工们演奏着美妙音乐，将佛像送往了东方的秦国。符坚以最隆重的仪式将释迦牟尼的12岁等神像供奉在了用金子镶嵌的宫殿中央。后来，松赞干布迎娶文成公主，文成公主将释迦牟尼12岁等身像带到了拉萨，并供奉在了小昭寺。

苏州平江路

　　2500多年来，苏州古城的城址一直未变，格局尚存，是我国古代城垣的一个活标本。而平江路则是苏州的一条历史老街，位于苏州古城的东北隅，全长1.6千米。

　　平江路是一条沿河的小路，因在宋元时期苏州又名平江，故命名为平江路。这里的河路都不宽，在河上行驶的是摇橹船，路上仅可通一辆车，故有"水陆并行，河街相邻"的说法。平江路也是苏州古城保存最为完整的一个区域，堪称古城缩影。

始建于宋代的平江古桥

南宋绍定二年，也就是1229年，由碑刻家李寿明刻绘的《平江图》，是苏州最为古老的一幅城市地图，其中就有平江路这条街道。平江路因苏州又名平江而得名，是当时苏州东半城的主干道。

平江路在原有的基础上保留了它河路并行的格局以及肌理和长

夜幕下的苏州平江路

度，小桥流水、粉墙黛瓦、房屋的体量、街道的宽度和河道比例恰当，显示出疏朗淡雅的风格。

■ 苏州平江路上的
特色建筑

因此，平江路一直被人们称为最有水城原味的一处街区，和只有一巷之隔的观前街相比，独特的清静古朴气息和咫尺外的鼎沸喧哗迥然为两个世界。

平江路的路是一条青石板铺就的古老道路，平直通达，中无杂树，左右穿插精致的水巷，阡陌交通，其中很少有商业店铺，往来的人也很少，仍然保持着多年前的娴静与恬淡。

平江河的水呈现出一种碧玉般的绿，似乎还平添了一丝丝娴静的味道。平江路上的石桥很精致，虽然可以通车，但是却很隐蔽。有时一路走过，都未必可以发现脚下流淌过的涓涓细流。

拱桥通常坐落在平江路边的水巷上，一拱似虹。在这里，船和桥不仅是人们看风景的工具，而且是组

拱桥 我国的拱桥始建于东汉中后期，已有1800多年的历史，拱桥是由伸臂木石梁桥、撑架桥等逐步发展而成的，在形成和发展过程中的外形都是曲的，所以古时也常称为曲桥。在我国古代的一些文献中，还用"圈""砑""窦""瓮"等字来表示拱。

钦差 明清时期的一种临时官职。钦，意为皇帝，钦差即是皇帝差遣之意，因此钦差大臣是指由皇帝专门派出办理某事的官员。因为钦差代表了皇帝本人，所以地位十分了得，担任该官职的往往都是皇帝信得过的高官，能得这个职位本身就是一种荣誉，一般事情办完复命之后，就会取消该官职。

■ 苏州平江路上的石拱桥

成风景的鲜活器官，也正是有了船和桥的存在，才使得条条水巷构成了一个有机的整体。

在平江历史街区的主河道上共有18座桥，绝大多数为梁桥，仅胡相思桥为拱桥。

有些梁桥原本是拱桥，后来因需要而改建，大部分已经改成钢筋混凝土梁式结构。这些桥大部分都保留了原有的名称，并保存着宋代的墩台结构和武康石构件，十分难得。

相传，岳飞曾多次在太湖附近剿匪，战果颇丰，后奉诏回京时，在平江府的马交桥附近遇到了皇帝派来的钦差，要将岳飞捉拿回临安。

当时，在岳飞身边有两员大将，一个是张保，号称马前张保，另一个是王横，号称马后王横。王横从马后走上前去阻止，却被当时朝廷派来的钦差喝令乱刀斩于桥上，血溅当场。

后来，岳飞在风波亭遇害，苏州百姓思念忠臣，

就来到马交桥，想起当日岳飞曾在这里经过，又看到石头上的斑驳血迹，就将石块珍藏了起来。

■ 平江路上的马
交桥

宋孝宗时期，岳飞的冤案得以昭雪，平江府的百姓就将那块石头凿成一尊石像，并在王横殉难的桥上修建了一座小庙，将石像供奉起来。

由于马交桥上的马茭草沾染上了王横的鲜血，朱红一片，所以，人们就将桥叫作朱马茭桥。朱马茭桥为花岗石梁桥，桥面以6条石梁并列而成，桥长6米，宽4米，高2米。

唐家桥是平江路上一座跨河的梁式石桥，桥上有一圆一方两个桥孔，与胡相思桥互为犄角。唐家桥也可以在宋《平江图》中找到踪迹，桥长4.4米，宽3.5米，跨2.7米，高1.9米。

桥面为6条石梁并列而成，其中2条为武康石，4

武康石 是一种建筑用石，自然状态多数呈淡紫色，少数呈黄褐色，但表面一经风雨侵蚀就氧化成美丽的紫色，在古代紫色象征着祥瑞，因此人们习惯把这一类石称"武康紫石"。武康紫石还被广泛地用于其他古建筑，如古寺庙台基、石塔、古镇驳岸，甚至佛像。

■ 苏州平江的胡相
思桥

六道 佛学术语，
指天道、阿修罗
道、人道、畜生
道、饿鬼道、地
狱道六道。其中
上三道为三善
道，因其业力较
善良而得名。下
三道为三恶道，
因其业力较惨恶
而得名。佛教认
为，一切处于分
段生死的众生，
皆在此六道中轮
回。轮回理论是
佛教的基本理论
之一。

条为花岗石。桥台两边立武康石条柱，中间横叠花岗
石条。

胡相思桥是平江河古桥中最能诱发人想象力的一
座桥，也是平江历史街区唯一的拱式单孔石桥。宋
《平江图》有所绘制，不过当时名为"胡厢使桥"，
厢使据记载，是宋代设置的一种官职，负责处理治安
和民间纠纷。至于什么时候开始转化为胡相思桥，就
不得而知了。

胡相思桥全长14米，净跨4.1米，中宽3.2米，矢
高2.9米。桥的拱券采用纵联分节并列式砌置，又称
"连锁法"，苏州清代的石拱桥大多数都是采用的这
种方法。

条石栏板的南北两侧都镌刻有"重建胡相思

桥"6个字，桥孔两旁的明柱上则镌刻有"乾隆九年署元和县正堂加六级张曰谋重建"等字。

胡相思桥的桥面中心石板上浮雕着轮回纹，意在宣扬佛教"生死六道轮回"的观念，劝诫人们及时行善积德。桥孔拱券的外沿还有一圈凸起的拱眉石，增强了桥的立体感。

胡相思桥是一座典型的清代花岗石拱桥，但金刚石墙体上夹杂的青石和武康石却有着悠久的历史记录，在桥南侧的金刚石墙上有一方"桥神土地"刻石。根据清朝所著的《吴门表隐》记载：

> 崇正宫桥南堍塑桥神、喜神、宅神、井神、灶神、厕神，皆出名手，肖像如生。

说明以前在民间一直都有祭祀桥神的习俗，胡相思桥上的"桥神土地"已是罕见的遗迹了。

苏军桥又称苏锦桥，俗称青石桥，是座单跨石梁桥，东接卫道观，西接南石子街。宋代《平江图》上有绘制，从桥身上叠砌的武康石、青石和花岗石三种石料可以得知这座桥拥有着悠久的历史。

苏军桥桥长7.5米，跨2.5米，宽2.6米，高2米。栏杆为花岗石材质，桥面由5条花岗石梁并列而成，桥西南北两

■江苏青石桥

■ 平江路上的石桥

镌刻 镌是雕的意思，指一般文章或诗词郑重地刻在木头或石头上。两个字连在一起便是雕刻的意思。一般古代的文人墨客会在名胜古迹上刻下自己写的诗词，而且政府一般公文类表勋在立碑时也用"镌刻"等字眼。

侧有一宽一窄的河埠。北河埠已被后来修筑的河岸石栏拦断废弃，南河埠仍然可以拾级而下。桥东北有一幢古色古香的临河小楼，与古桥相映成趣。

苏军桥再往北百余米，一座与平江路和平江河并行的石梁小桥叫作小新桥，与被称为大新桥的众安桥呈犄角之势，形成"双桥"和"三步两桥"的格局。

小新桥又名新桥，在宋《平江图》上称为北张家桥，清同治《苏州府志》中改名为新桥。

通利桥距离小新桥不到百米，单跨石梁的通利桥与朱马交桥相衔而成"双桥"格局，曾于1814年进行过修葺。

通利桥桥长6.4米，跨2.8米，宽3.5米，高2.4米。桥身主要以花岗石构筑，桥面由6条并列的石梁组成，其中2条为宽约0.4米的武康石，为宋代遗物。桥台立有石排柱，桥栏为简洁的通长条石构筑。通利桥两边的桥台并不相等，西桥台有长长的缓坡引桥，有一种不对称的美感。

通利桥所在的地段，既是两条河道的汇流处，也是两座桥的直角相连处，所以就将通利桥的西引桥延长，在桥畔形成一个河湾，供往来的船只停泊、转弯和掉头。

相传在通利桥的桥孔中原有一段宋代的题记刻石，镌刻着：

> 星桥、朱马茭桥，年深坍坏，蒙运判府郑侍郎助钱三千贯，提举宝章判部赵郎中助钱二千贯，长洲判县龚郎中助钱一千五百贯，并系十七界会重行展阔建造。劝缘崇禧、上官古史、干缘碧云庵僧守常，淳祐十年十一月朔题。

■ 苏州平江路上的潘家桥

由此可以得知，古代造桥修路的事宜大多都是由僧人发起和主持的，费用来自官员、士绅和商民百姓的捐助。

积庆桥跨平江河，桥名与宋《平江图》一致，俗称吉庆桥。积庆桥桥宽7.1米，长6.9米，单孔，跨度5.3米。

雪糕桥在宋代《平江图》中也有绘制。相传，有一位书生家住桥西肖家巷，非常孝顺，但生活非常困窘。一年冬天，大雪飞扬，病重中的母亲呓语要吃糕。但是，恰逢家中断粮，哪里还有粮食为母亲做糕呢？不得已，书生只好含泪把雪捏成糕状拿给老母看，聊以安慰。

谁知，当雪糕送到母亲面前时，竟然真的变成了一块热气腾腾、香味诱人的米糕，人们都说这是观音菩萨显灵的结果，桥上也凭空多出个观音堂来。书生故去后，乡邻凑钱将他安葬在了桥的附近，这座小桥也就称为雪糕桥。

雪糕桥桥长5.8米，跨3.6米，宽3米，高2米。桥面以5条花岗石梁并列而成，其下长系石上留有搁置托木的凹槽。桥台由4根条石组成排柱，青石与花岗石混杂在一起。桥面上原先建有一座观音堂，俗称桥

苏州平江路石拱桥

驮庙。

思婆桥是一座单跨石梁的东西向古桥，在宋代《平江图》上已有此桥，名为寺东桥，因桥西有唐代古刹资寿寺而得名。

思婆桥据说是因为资寿寺是座庵堂，每天都会有尼姑从这座桥上经过，尼姑俗称"师婆"，属于"三姑六婆"之一，所以这桥早先叫作师婆桥，后来讹传为思婆桥。

思婆桥桥长11.2米，跨4.4米，宽3米，高2.9米。桥面以4条宽0.5米的花岗石梁并列而成，桥栏是高约0.4米的不加雕饰的长条花岗石，可供过桥人坐在桥顶上休息赏景，东西两坡各有10级石阶。

石栏外侧横刻着楷体大字"重修思婆桥"，桥台南侧石柱上刻有"嘉庆乙丑四月"等字，北侧石柱上刻有"里人"等字，都是在1805年重修时留下的。

尼姑 也称比丘尼，意译为乞士女、除女、除馑女或薰女，也称沙门尼或简称尼、尼僧等，我国对比丘尼的俗称则为尼姑。尼姑是指皈入佛门，受持具足戒的女子。尼姑最早出现于南北朝时期。后尊称尼姑为"法师"，表示尊其佛法造诣的高深。

思婆桥历史悠久，曾进行过多次修葺，桥身还保留着许多比花岗石更早用于造桥的武康石和青石。尤其是主要结构桥台的排柱以及两头雕有灵芝和宝莲的长系石都为武康石，从材质、结构和雕刻看应是宋代遗物，证明思婆桥至少有七八百年的历史了。桥西北金刚墙上还嵌有青石碑一通，字迹已经漫漶不清。

寿安桥在思婆桥北面三四十米处，是座单跨石梁桥，在宋代《平江图》中称寺后桥，因为桥位于资寿寺的后方。清初称资福桥，同治时改名为寿安桥。

寿安桥桥长4.4米，宽4米，高2.3米，跨3.8米。桥面主要由6条石梁并列而成，南侧边梁及北侧第二根梁为武康石梁，其余的4条为花岗石梁呈现深浅不一的色彩。

东西桥台排柱各由5条武康石组成，镌有"癸亥""拾两"等捐银题字，为宋代建构。寿安桥的石梁保存明以前古制，略有拱势，即下部平直，上部两端稍低，当中微隆，远远望去，造型十分流畅。

古街韵味

古色古香的千年古街

■ 苏州平江路上的
思婆桥

这些桥大多跨水架桥，意境非常优美，桥上雕琢装饰千姿百态，也是体现我国审美观的一种民族传统。桥的建筑不论大小，工艺都精益求精，如同一幅图画，不许有一处败笔，虽历经百年，却依然焕发着惊人的魅力。

阅读链接

明朝年间，平江河西面住着一户胡姓人家，是苏州城有名的大户人家。胡老爷的女儿胡小姐喜欢上了隔河相望的书生，古代讲究门当户对，胡老爷看书生一脸穷酸相，十分反对，并将小姐锁在厢房中，私自给小姐定下了一门亲事。

出嫁这天，胡小姐装扮妥当，只是满脸泪痕，走到花轿门口，突然跑到平江江畔，望着书生家一头栽进了河水中，胡夫人见状，忙去抓女儿的手，一个踉跄也消失在了河水中。

隔岸的书生见心爱的人投河而亡，也一头扎进了滔滔的河水中。胡老爷看见因自己所谓的门当户对而落个家破人亡的下场，思量万千的他，拿出自己的家财在胡小姐和书生投水的地方修了一座石桥，取名为胡相思桥。

依河而建的市巷旧貌

苏州平江路上的潘宅

在平江路两边，鳞次栉比地保留着许多规模宏大、结构规整的传统民居建筑，它们布局轴线清晰、层层递进、装饰古朴典雅、工艺精致，反映了江南民居的文化特色。

在平江路，有一个特别的存在，那就是一像条船一样的房子，叫作"船屋"。船屋面积约有 700 多平方米，建于清朝嘉庆年间，仍完好地保存着雕花门窗和木质地板，十分珍贵。

■潘宅礼耕堂

礼耕堂潘宅是苏州古城内留存不多的清前期建筑，为徽商潘麟兆家族所有。礼耕堂潘宅坐北朝南，以封闭式的院落为单位，一共五落六进，建筑面积6700多平方米，建有门厅、大厅及三进楼厅。

建筑群以大厅为中线，但略略偏重于东侧，全部为粉墙黛瓦，以白灰两色为主色基调，屋宇都为木梁架结构，高大敞亮，峻严大气。

轿厅，是旧时用来停放轿子或轿夫、船工休息的地方，后有石库门可以通向后面大厅。

高悬"礼耕堂"匾额的大厅面阔五间，高约18米，进深14米左右，是我国为数不多的大型古建厅堂。厅前横贯廊庑，顶部有"一枝香"翻轩。

步柱间开设14扇落地长裔。前檐挑檩头雕有水浪、龙头、鲤鱼，内檐雕灵芝梁垫，构思独特、精

徽商 即徽州商人，旧徽州府籍的商人或商人集团的总称。徽商又称"新安商人"，俗称"徽帮"。徽商萌生于东晋，成长于唐宋，盛于明。徽商是中国十大商帮之一，鼎盛时期徽商曾经占有全国总资产的4/7，亦儒亦商，辛勤力耕，赢得了"徽骆驼"的美称。

致、巧妙，图案简洁而饱满。

大厅前后设置"船篷"轩，中间为四界大梁，梁架间有精雕细刻的棹木共计8组16方，上面镂刻有各种民间故事和成语典故的图案。厅后并排有22扇屏门，可以通向后院。

大厅是主人行礼仪、接待宾客的地方。过去，大户人家每逢有喜庆之事，就会在大厅中央铺设氍毹，张灯结彩，邀请戏班前来演剧。大厅内的东、西两侧安装有木制隔障，戏班演出的时候可以撤除隔障改挂细帘，好让女宾在帘内看戏。

后堂楼为5开间两厢楼，为生活起居之所，采用重檐式建筑。

楼下构有鹤胫轩和船篷轩，雕有各种花卉，寓意吉祥如意，虽已年久失修，但仍然清晰可辨。

大厅左右两侧为东西备弄，与东备弄一弄相隔，建有一座两层的花厅，名叫"半砚斋"，它面阔11米，进深13米，可以分为两个部分。前部用来会客和举行小型演出，后部较小，专供小憩或读书之用。

半砚斋的东南角是"稼秫堂"，该堂清静雅致，处于一个相对封闭的院落中，可从正南库门进入，门上原有砖雕门楼一座，刻有"艺苑口芳"4个字，堂前主要为四合石板大天井，在天井的两侧是一个戏

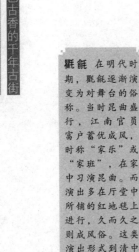

■潘宅礼耕堂

氍毹 在明代时期，氍毹逐渐演变为对舞台的俗称。当时昆曲盛行，江南官员富户蓄优成风，时称"家乐"或"家班"，在家中习演昆曲。而演出多在厅堂中所铺的红地毯上进行，久而久之则成风俗。这类演出形式到清中叶后渐衰，但用"氍毹"称舞台则成为定制，一直沿袭。

房。堂内中部和东西两侧的厅翼为观众席，厅翼上是阁楼，置屏门14扇。

稼秾堂的东面，有一处小巧精致、花石典雅的花园，花园面积虽然不大，但山势起伏，古木婆娑，趣意十足。假山叠有"水帘洞"，上有形似唐僧师徒、观音、鲤鱼、四不像等奇石数块，洞内还有自然形成的"福、禄、寿"等字样。

花园北面的鸳鸯厅是我国保留不多的全楠木大厅之一，十分珍贵。鸳鸯厅可以分为南北两半，一半为圆形，另一半为扁圆形，相互映衬称之为鸳鸯厅，构架和装修全部采用楠木。楠木身价昂贵，往往用来彰显主人的身份和地位。

砖雕艺术在传统建筑上应用非常广泛，是苏州民居的一大特色。砖雕艺人往往通过所雕塑的花卉、鸟

屏门 用来遮隔内外院或遮隔正院或跨院的门，一般用于垂花门的后檐柱、室内明间后金柱间、大门后檐柱、庭院内的随墙门上，因为起屏风作用，所以称为屏门。我国潮汕地区传统建筑中的屏门主要起隔断的作用，每套由6—10扇组成，具体视空间跨度而定，形制灵活多变。

■潘宅 召稼楼

■ 苏州平江路河道
旁的老宅

镂雕 在木、石、象牙、玉、陶瓷体等材料上透雕出各种图案、花纹的一种技法。新石器时代晚期的陶器上就出现了有透雕圆孔的装饰。汉代到魏晋时期的各式陶瓷香熏都有透雕纹饰。清乾隆时烧成镂空转心、转颈及镂空套瓶等作品，使这类工艺的水平达到了顶峰。

兽、人物等反映人们祈求和平、吉祥、安宁的愿望。

由于砖质地的关系，一般图案结构不甚复杂，但严谨饱满，以多变的形式来突出它古拙朴实的风格，达到庄重典雅的效果。

礼耕堂潘宅原有8座砖雕门楼，其中3座最为精致，它们分别位于轿厅、大厅和堂楼前。这3座砖雕门楼宽3米左右，构图严谨，雕工精细，均属砖雕中的上品。

轿厅前门楼镌刻着"居德斯颐"4个字，大厅前门楼镌刻着"秉经酌雅"4个字。四周并镶有以蝙蝠、荷叶、灵芝、牡丹等图案，寓意洪福齐天，富贵吉祥等。

整体造型美观大方、有繁有简、错落有致，充分体现了苏州能工巧匠精雕细琢的功力，技艺高超。

第四进堂楼前的砖雕门楼的题额为"旭丽风

和"，雕刻最为精美。檐下饰有回纹挂落，斗拱两跳，枫拱镂雕着各式花草。整体采用立体镂雕工艺，雕饰凸出画面。

上枋、下枋、兜肚、垂柱及两侧山面雕满四季花卉，两边雕着梅兰竹菊荷桂等花，还雕有石榴、灵芝、佛手、寿桃等，烘托着中央的百花之王牡丹，真是美轮美奂、千姿百态，显尽古朴之风。

最为人称道的是左右垂柱定盘枋各雕饰有一只栩栩如生的蟾蜍，憨态可掬，煞是可爱。蟾蜍是我国历史上祈嗣活动的吉祥物，深受百姓喜爱，刻在门楼上是希望它起到镇邪作用，保护家人平安。

门楼脊头镂雕着蝙蝠流云和飞龙流云，寓意"福到"和"龙腾虎跃"，那雕塑的云彩于白墙间朝外微微凸出，十分逼真。

平江路周围还有大批的老式民宅，有唐纳故居、

蟾蜍 蟾蜍在我国古神话中认为月亮中有蟾蜍，故称月为蟾，并以蟾宫指月宫，寓意长寿。此外，蟾蜍被赋予了避兵器的功能。同时，蟾蜍还寓意财源兴盛，生活幸福美好。民间也有"刘海戏金蟾"的传统寓意，认为得之可致富。

■ 苏州平江路上的民宅大门

洪钧（1839年—1893年），清末著名的外交家。同治年间中状元，任翰林院修撰。后出任湖北学政，主持陕西、山东乡试，并视学江西。1881年任内阁学士，官至兵部左侍郎。1889年至1892年任清廷驻俄、德、奥、荷兰四国大臣。

钱伯煊故居、潘祖荫故居、潘隅芬故居、潘世恩故居、洪钧故居、郭绍虞故居和顾颉刚故居等，这些故居安静地矗立在江岸两边，述说着先辈的往事，彰显着江南独特的建筑魅力。

这些建筑多依河而建，一些年代久远的老房子，白墙青瓦，木栅花窗，木料多用棕红或棕黑色，清淡分明。外墙虽多已斑驳，但却如丹青淡剥。墙面剥落处又攀生出许多藤萝蔓草，随风摇曳，神采灵动。

江南匠人的心思玲珑，他们把园林的美学应用到了日常的生活中，河道婉转，房屋便靠与回廊、小桥、花木之间彼此借景掩映，始终如画。偶然有一枝桃树斜斜地送到河面上，大有取凌波的意味。河道窄处，两岸援手可握，宽处也仅可容一船周转。

经过历代的发展和扩建，在与平江路垂直相接的地段逐渐形成了许多狭小的街巷，有狮林寺巷、传芳巷、东花桥巷、曹胡徐巷、大新桥巷、卫道观前、中张家巷、大儒巷、萧家巷、钮家巷等。这些巷子高高的垣墙夹着曲折的街巷，颇有些曲径通幽的意境。

从平江路向南，几步之遥就能够听到悠扬古琴声，它是从一家琴馆里面发出的。走进中张家巷，没几步，又是一种

■ 依河而建的古代建筑

稀奇热闹的江南丝竹之声，循声向前，则是一家书场，看台上的人说学弹唱，好不热闹。

从书场转出，再往巷子深处走，则是一处崇脊筒瓦，牌匾显赫，还挂着大红灯笼的建筑，建筑庭院里十分宽畅，有石板铺地，两边是厢楼，北为朝南的大厅，南面正中是一个古戏台。

据说，这个建筑物原先是全晋会馆，由清末寓居苏州的山西商人所建，不专为生意洽谈，仿佛在他们眼中，只有边喝茶听戏、边交流才是洽谈的正道。

戏台的天花板上不辞繁复地用藻纹装饰出窟窿形顶，状凹如井，顶端置一枚大铜镜，周围数百只浅雕黑色蝙蝠与数百朵金黄色云头圆雕相依相绕，蝙蝠与祥云盘旋而上，直送到那铜镜片上去。

藻井的设计却别有妙用，它仿佛一个共鸣箱，演出时，能使演员发出的声音向上聚集，声音顿时变得洪亮圆润，余音更能绕梁不绝。

之后，平江路曾有过多次细致的保护和改造，但

古琴 也称瑶琴、玉琴、七弦琴，是我国最古老的弹拨乐器之一，在孔子时期就已盛行，距今有4000余年。据《史记》记载，琴的出现不晚于尧舜时期。后来，为了和西方乐器进行区别，才被称作古琴。古琴是一直都鸣响在书斋、舞台上的古老乐器。

苏州平江路上的店铺

却只是修复原有的旧牌额。沿街很多老旧的住宅已经失去了原来居住的作用，只是外表看起来并不张扬，悄悄掩隐在木制的门板之下，乍看起来和一般的民宅并没有什么区别，只有从格外精致的雕花门廊上还可以窥出些端倪。

与同是苏州老街的山塘街相比，平江路少了份商业气息，保住了市巷旧貌，更大限度地留住了民俗风情，述说着平江路的风华。

阅读链接

洪钧是清朝时期的一位状元。相传，洪钧是在返乡奔丧的路上看到了在秦淮河上卖唱的赛金花，一见倾心，于是就把她纳为妾。1890年盛夏，洪钧作为清朝政府的公使，带着赛金花一起远赴欧洲，由于赛金花年轻美貌，长于辞令，能够讲一口流利的外语，所以很快就闻名于欧洲上流社会，成了我国第一代"交际花"。

后来，他们回到苏州，回到平江路。洪钧去世后，赛金花曾作为青楼女子而知名上海，也曾在八国联军入侵北京后起到了劝说联军统帅、保护北京人们的作用，从而成为一代传奇人物。人们走在平江路上，有时候总会觉得不知在哪个街巷上，就会走出风韵优雅的赛金花来呢！

屯溪老街

　　屯溪老街历史悠久，位于安徽省黄山以外，镶嵌在青山绿水之间，北依四季葱茏的华山，南伴终年如蓝的新安江，已有数百年历史。

　　屯溪老街全长832米，宽8米左右，是我国保存最完整，最具宋、明、清时代建筑风格的步行商业街。

　　屯溪老街的建筑群继承了徽州民居的建筑传统风格，建筑形式具有鲜明的徽派建筑特色，号称"东方的古罗马"。

鱼骨式结构的老街街巷

　　三国时期的吴国威武中郎将贺齐为征伐北越，曾屯兵溪上，屯溪因此而得名。关于屯溪名称由来的另一种说法是，因诸溪汇聚于此而得名，因而交通非常方便。

　　沿着河道顺流而下，可达杭州。逆流而上，则可以到达休宁的上

■屯溪老街照壁简介

溪口。溯横江而北，可至黟县的渔亭。

物资转运的辐射范围可达半个徽州地区，于是人们在此建了用来储存货物的8家栈房，逐渐造就了屯溪水利交通枢纽和商业中心的地位。

经过发展，逐渐形成一条商业步行街，并在元末初具规模。至明朝，徽商崛起，称雄全国，带动了屯溪老街的迅速发展。

明弘治年间的《休宁县志》中就有"屯溪街"的名目记载。

镇海桥又名屯溪桥，俗称老大桥，东西贯穿老街与黎阳，是进出屯溪的门户。镇海桥为6墩7孔石拱桥，长133米，两端引桥各长15米，宽6米，高10米，拱洞跨度13米或15米不等，墩砌等腰三角形，墩顶端分水石尖翘起。拱脚、拱圈均用褐红麻条石交错砌筑。

镇海桥石料以糯米稀、猕猴桃、藤汁加灰浆胶

中郎将 我国古代官名。秦置中郎，至西汉分五官、左、右三中郎署，各置中郎将以统领皇帝的侍卫，属光禄勋。平帝时又置虎贲中郎将，统虎贲郎，位比二千石。后又置羽林中郎将，统羽林军，与虎贲中郎将同级，品秩比二千石，低于诸将军。此后出现的东南西北等中郎将，地位高于杂号将军。

阴阳 源自古代的自然观，古人在对自然界的观察中，逐渐认识到了很多对立却又相连的大自然现象，经过总结归纳，形成了最初的"中国阴阳"概念。春秋时期的易传以及老子的道德经中都有阴阳的涉及。阴阳理论已经体现在我国文化中的方方面面。

■ 屯溪老街的牌坊

结。中洞有"禁止取鱼"4个字。

桥面旁的桥栏主要以茶园石铺设，桥栏纵向条石两头凿阴阳榫，互为衔接；上下连接处凿蝴蝶形卯样，又用铁梢卡锁，形成整体。因此，桥身质地坚实，气势雄浑。

桥上原有亭，两端有飞檐五脊虎殿顶建筑。桥东临街处建有高大拱门，上悬"镇海桥"3字金匾。

镇东阁原为休宁知事来屯溪巡查的下榻之所，始建于明末清初，坐北朝南，是一个二层的砖木结构楼阁，楼下前进为大厅，后进为小厅，楼上可以设宴款待官员和名流。

阁中有木板对联："看阶前苔青莓绿无非生意，听庭中鸦鸣雀噪恐是冤魂。"横额为"怀德"，取君子怀德之意。

据清康熙年间的《休宁县志》记载："屯溪街，

县东三十里，镇长四里"，可见屯溪老街的规模之大。

当时的屯溪老街两侧，建有武举巷、珠塘巷、祁红巷、渔池巷、海底巷、李洪巷、劳动巷、新河巷等18条巷弄，它们和屯溪街周围的上、中、下3条马路沟通了老街和山水，呈现出鱼骨式的结构形态。

武举巷呈曲尺形，东西向长49米，南北向长42米，宽2米，用碎石铺就路面，因这条巷内曾经走出过武举人而得名。

■ 紧邻屯溪老街的珠塘巷

珠塘巷东临观音山，西靠踏地井，是屯溪老街通往珠塘的一条傍山小路，全长274米，宽2米至3米，石板路面，后来一度改名为珠塘后街、四新巷等。

祁红巷是原屯溪后街的一部分，全长121米，宽3米，石板路面，曾经更名为中山后街。

鱼池巷是屯溪老街与后街相通的主要巷道，全长98米，宽1米左右，石板路面。

鱼池巷最早为一个程姓人家所有，名为程家巷。后来由于巷内设有鱼塘，于是更名为鱼池巷，巷内民居特色鲜明，极具研究价值。

海底巷是与鱼池巷平行的一条街巷，全长86米，宽2米，石板路面，因为巷道地势低洼，经常存积有大量的雨水，非常难排，于是人们就将此地戏称为

对联 又称楹联或对子，是写在纸、布上或刻在竹子、木头、柱子上的对偶语句，其对仗工整、平仄协调、字数相同、结构相同，是一字一音的中文语言的独特艺术形式。对联相传起于五代后蜀主孟昶。它是中华民族的文化瑰宝。

货栈 魏晋南北朝时货栈称为"邸店"，是为客商提供住宿、存放和推销货物的地方，数量和规模极大。在宋代，货栈又叫"榻房"，后称"牙行"，多设在水陆码头和乡镇一带。货栈自诞生日起，以其耳目灵通，联系面广的特点，促进了物资交流。

"海底"。海底巷北窄南宽，从高处俯视像极了鞋底，所以人们也称之为鞋底巷。

李洪巷原来为徽商李家和洪家居所之间的一条小道，这条巷与另一条海底巷平行，全长76米，宽仅1米，石板路面。

劳动巷原名马铺巷，因为旧时在巷内曾经开设一家"源记货栈"，往来商旅的骡马多拴在巷内，因此得名。劳动巷是沟通屯溪老街与河街的主要巷道，全长84米，宽1.5米，石板路面。

新河巷又名当铺巷，因旧时巷内开设有当铺而得名，全长86米，宽1.8米，石板路面。

立新巷与新河巷平行，全长86米，宽1.4米，石板路面。据说旧时巷内有很多蝙蝠出没，一度被人们叫作蝙蝠巷。后来，巷内住了8家富户，又改称为八福巷。

■ 屯溪老街主街

■与屯溪老街相连的古玩街

　　榆林巷与立新巷平行，全长95米，宽1.5米，石板路面，过去是新安江上游屯溪南港率水的上溪口与北港横江的渔船停靠码头，是渔民出入集市的必经之路，故称渔民巷，俗称鱼鳞巷，由于在屯溪方言中榆林和鱼鳞谐音，所以也被称为榆林巷。

　　还淳巷与榆林巷平行，全长98米，宽2米，石板路面，是一个靠近河沿的巷口，跨巷原建有一座阁楼，叫作"鸿楼"，楼下开设有茶号，茶工们习惯性地将之称为鸿楼下，后更名为还淳巷。

　　"还淳"可能寓意人们两种意思，一种从教化方面理解，是希望能够还原人们淳朴敦厚的风气；另一种从纪念方面理解，是因为这里是新安江下游淳安人集中返乡的码头所在。

　　永新巷与还淳巷平行，全长93米，宽2米，石板路面。因为过去巷内曾有专做小磨麻油的作坊，所以习惯上就称为麻油巷，后改名为永新巷。

　　风林巷为倒丁字形，主巷呈南北向，支巷呈东西向，连接梧岗巷和二马路，总长195米，其中东西向100米，南北向95米，石板、沙砾

宗祠 习惯上称祠堂，是供奉祖先神主，进行祭祀的场所，被视为宗族的象征。宗庙制度产生于周代，为天子专有。后来，宋代朱熹提倡建立家族祠堂，每个家族建立一个奉祀高、曾、祖、称四世神主的祠堂四龛。

相间路面。早年在巷边有一处坟地，所以被人们称为坟灵巷，后以音易字，成为了凤麟巷或风林巷。

梧岗巷由一条主巷和一条支巷组成，主巷呈南北向，长89米，东西向长174米，宽2米，碎石路面。旧时因为巷内的人家栽种有梧桐树，所以美名曰梧岗，取"凤占梧岗"之意。后来巷内开设过当铺，百姓通称为当铺巷。

德仁巷呈南北向，全长104米，石板路面，原有住户15家。旧时巷内保存有潘氏宗祠，所以也被称为祠堂巷和祠堂基巷。后来，在老街巷口开设了一家百年老店"同德仁"中药铺，于是更名为德仁巷。

■ 屯溪老街上的店铺

　　地盘巷在屯溪老街中段北侧，东接利民巷，西至延安路，全长204米，碎石、沙砾相间路面。原来在巷口的阁楼下有高出地面的石板小平台，称为地棚。后来，人们又发现在巷内有块空地像面盘子，所以又称为地盘巷。

　　利民巷是地盘巷向东拐的一条巷段，全长106米，宽3米，为水泥路面，因巷内建有利民食品厂而得名，后来与地盘巷合称为兴无巷。

　　枫树巷全长350米，宽3—7米不等，两端为石板路面，是屯溪潘姓的祖坟地，因有两棵大樟树和许多枫树而得名，又因为临近老街巷口正对着一家泰来山货店，所以也被称为泰来巷。

　　横街东起新安江道，西接屯溪老街，全长270米，宽5米，石板路面。因为和屯溪下街相对而横，所以被称为横街。

　　青春巷位于屯溪老街东入口南侧，由两条支巷组成，南北向支巷因为曾设有慈善机构"屯溪公济局"，所以称为公济局巷。东西向支

屯溪老街休闲街

古街韵味

古色古香的千年古街

巷因曾设有"钱粮柜"而名为钱粮柜巷，后来两巷合并为青春巷，全长134米，宽2.5米。

屯溪老街依山傍水，顺地势自然形成，街道走向略显弯曲，赭红色的石板路面显得古拙质朴，形成一个完美的组合。

屯溪老街建筑古朴典雅，是一条具有明清建筑风格的步行商业街，被誉为"活动着的清明上河图"。整个老街古色古香，为全国重点保护单位。

阅读链接

屯溪的镇海桥相传是隆阜的财主戴时亮为嫁女儿而独资建造的。至清朝康熙年间，遭遇水患被冲毁，由程子谦捐资670万贯，费时两年重新建成，通行17年之后又被水毁。程子谦无奈地说："桥之不固，是我之过也。"

于是，他就再一次自己出资修建这座桥，可是桥还没有竣工他就去世了。他的儿子程岳，当时任广西清吏司、员外郎，为了完成父亲的遗志，最终将桥建成。

古朴的徽派建筑文化

　　老街路面用一色赭红麻石铺砌而成，石板拼接有序，缝隙清晰美观，整个街道古拙质朴，街道两旁店铺鳞次栉比，店面前后略有错落，各展风采，各具特色，给人以赏心悦目、造型优美的深刻印象。

　　屯溪老街的建筑保持着传统的徽州古建筑风格，所有建筑体量大小相间，色彩淡雅、古朴，虽然历经百年，屡有重建，但是原始的风

■屯溪老街特色建筑

貌并没有改变，小青瓦，白粉墙，马头墙，古色古香。

这些建筑物全部采用砖木结构，以梁柱为骨架，外面实砌扁砖到顶。在挑檐和挑枋下，装鹅颈轩起支撑、牢固和装饰的作用。楼上临街装饰有木栏和裙板，并安置有各种花窗，十分典雅。

老街的建筑有沿街敞开式，也有内天井式，建筑结构有二进二厢、三进三厢，注重进深，讲求"前面通街、后面通河"。这种入内深邃、连续几进的房屋结构也造成了屯溪老街前店后坊、前店后仓、前店后居或楼下店楼上居的经营和生活方式。

■ 屯溪老街上的同德仁老店

花窗 建筑中窗的一种装饰和美化的形式，既具备实用功能，又带有装饰效应。花窗多见于我国古典建筑中的格扇门窗中，体现了窗的功用由简单的实用功能发展到了实用与审美功能的结合。我国园林中，洞窗中以漏空图案填心者也称花窗，也多称为漏窗。

老街建筑群远看似参差跌宕、连绵起伏的城墙垛堞，近前正面看每座楼房，又似凌空翘首的牌坊。

据统计，屯溪老街沿街共有280家店铺，一般为两层，属典型的"下店上房、前店后坊"的建筑形制。这些店面多为单开间，店铺之间有马头墙封护相隔，底层门面采用木排门，卸去排门，便可以将店堂全部展示出来，以示开始营业。

特别是老街两侧店铺门楣上的金字招牌，显得流光溢彩，古色古香。

清人朱彭寿有过一首七律《字号诗》：

顺裕兴隆瑞永昌，元亨万利复丰祥。

泰和茂盛同乾德，谦吉公仁协鼎光。

聚益中通全信义，久恒大美庆安康。

新春正合生成广，润发洪源厚福长。

于是，老街两旁的上百家商铺就从诗中选取一个、两个或三个字组合成自己店号，如"同和""华兴""鸿大""同益""大吉祥""同德仁""合记春"等，深刻体现了经营者对吉祥如意的经营意境的向往和追求。

在老街的中西段，文房四宝、书画艺术品等比较集中，而这些店铺的招牌更给人翰墨书香的感觉，无不弥漫着民族文化丰富的韵味。如"醉墨山房""文雕苑""一品斋""艺林阁""集雅斋""墨都画廊"等。而如"始信阁""梦笔艺斋""天都""莲花书社"等，更是黄山秀丽风光与灿烂徽州文化的融合再现。

老街不少金字招牌体现了徽商讲求仁德的"儒商"经营思想。"同德仁"中药铺内柜台上竖有一块立牌，上书"桔井流香"4个金色大字，向人们展示该店济仁施德的经营宗旨。

门楣 正门上方门框上部的横梁，一般都是由粗重的实木建造。古代按照建制，只有朝廷官吏所居的府邸才能在正门上标示门楣，平民百姓家的房屋是不准有门楣的。门楣上有两个门品，对应的是五品至七品官员；四个门品，对应四品以上官员；十二个门品，唯亲王以上的品级才能用。

■屯溪老街特色建筑

■ 屯溪老街万粹楼 万粹楼为我国首家古建筑形工兵私人博物馆。面积2000多平方米，糅合了徽派民居、园林、府第、商铺的风格。楼高四层，采用明清时代古建筑遗存的石雕、砖雕、木雕等旧构件中的精口，按徽派建筑的风格重新组合而成，集商业、住所、休闲于一体，是体现屯溪文化的建筑之一。

"程德馨"酱园，见其名号立即令人想起唐代诗人刘禹锡《陋室铭》中的名句"唯吾德馨"，同时，店堂内还有两块主招，上书"梅葛遗制，浓泛蒟香"8个大字。梅葛是传说中制酱的祖师，"蒟香"是指蒟酱的香味。

沿着屯溪老街缓缓独行，望着两边古色古香的木构建筑，看着来自山区的各色山货特产，听着浓重的徽州乡音，宛如置身于《清明上河图》一类的古代风俗画卷中。

阅读链接

关于同德仁中药铺的"桔井流香"匾额，还有一段故事，故事出自葛洪的《神仙传》。

相传汉代桂阳人苏公，整天修道，以望成仙。有一天，苏公正在打扫庭院，他的友人们看见了，就问他是不是有什么贵客来。

苏公回答说："仙侣要来。"

不一会儿，就见西北紫气氤氲，其中夹杂着数十只白鹤，在其住处的上空化成英俊的少年，并降落在苏公的门前。苏公便对母亲说："我被召为仙人，接我的仙侣已到门前，以后不能再服侍母亲，望母亲保重。明年天下将有疾疫，庭中井水一升，檐边橘叶一枚，可疗一人。"

至第二年，当地果然发生了疫病，他的母亲依照他的话送治病人，果然都痊愈了。

淳朴独特的徽州风俗

在屯溪老街上保留着很多当地特有的风俗，如太子会、赛龙舟、还枷锁、祭灶、立夏节、年忌等，真实反映着当地人们的生活。

立夏这天，屯溪当地的老百姓有吃苦叶馃、鸡蛋、蚕豆、豌豆及"秤人"的风俗。苦叶馃是用野苦叶捣汁之后和糯米粉加糖蒸制而成，有清凉解毒的作用，吃了可以防止生疖长痱。

屯溪老街上的特色菜馆

古街韵味

古色古香的千年古街

苦叶馃又称"立夏苧"，当地流传有"吃了立夏馃，农事急如火"的谚语。

吃鸡蛋时，一定要将熟鸡蛋从门槛上滚下，让孩子拾起来吃，寓意孩子可以像这枚鸡蛋一样经得起摔打，易长易胖，不"赖夏"。

用嫩蚕豆、豌豆、鲜笋和肉混合煮糯米饭吃，叫作"尝新"，以寓意期盼好的年景。

秤人就是称体重，看经过夏天之后，体重增加或减少了多少，是否"赖夏"。秤人最忌讳是百斤，因为百太满，满则遭损，所以当体重恰好是百斤的时候，人们一般都会多报或少报。

每年端午节，凡是沿河的城镇都会举行赛龙舟，尤以屯溪的赛龙舟最为盛大。

每年农历五月初一，就开始有龙船陆陆续续出水，逐日增加，直至端午这天达到6艘。龙船是在民船的基础上装上龙头和龙尾，并在中间安上跳水架而成。

赛龙舟前先要举行跳水比赛，俗称"打漂"，随后进行赛龙舟。届时彩旗招展，金鼓齐鸣，沿江两岸观众云集，气氛十分热烈。

在屯溪，小孩患重病之后，家人都要去城隍庙向菩萨许愿，并要在农历七月十四这

■ 屯溪老街门楼

■ 屯溪老街古建筑

天还愿，称为还枷锁。

这天，还枷锁的小孩会穿上黑领白衫，假扮成犯人模样，在大人的陪同下来到城隍庙，献上3碗或6碗供礼，虔诚地祀拜。然后把小孩脖子上的枷锁好，回家之后在灶司爷像前解开。

第二天早上，再次在灶司爷前将枷锁锁好，去城隍庙向城隍菩萨报到。经过祀拜，再尾随无常和城隍菩萨上街，等城隍菩萨回庙之后解开枷锁，意味着罪行得已恕免。

太子会是屯溪的传统庙会。相传古时候有一位太子，生性仁慈，世人都敬仰他的德行。在一次狩猎的过程中，太子马失前蹄不幸身亡。于是，人们就为太子塑像造庙，供为太子菩萨，每年的农历七月二十四都会举行盛大的庙会来纪念。

太子 古代君主的儿子中被预定继承君位的人。周时天子及诸侯的嫡长子，称为太子或世子。汉时称为皇太子，金元时，皇帝的庶子称为太子，明以后皇帝的嫡子称皇太子，亲王的嫡子称世子。太子的地位仅次于皇帝本人，并且拥有自己类似于朝廷的东宫。

屯溪老街德阳楼

古街韵味

古色古香的千年古街

太子菩萨出游是太子会的一个重要内容，首先出现的是一个直径约为两米的木轮，车辐上装饰有铜铃和彩色纸条，两位身强力壮的年轻人轮番推着向前滚动开路，旗、锣、伞、鼓等紧随其后，金鼓齐震，鞭炮争鸣。

接着是仪仗，金瓜、月斧、掌扇等均为锡铸，每件两个，每人肩荷一件并列而行。之后是4人抬着香亭，亭后为提炉，炉中为点燃的檀香，烟云氤氲，香气袭人。

太子菩萨为童子模样，头戴紫金冠，身穿杏黄袍，足登粉底靴，骑王白绒假马，假马固定在一座方台的中央，由4人抬着紧跟在香炉的后面。

巡游完之后回到太子庙，把太子菩萨神像请下马来，奉入神龛，将假马置于右侧作为陪衬，其间笛、笙、箫、唢呐齐奏，并伴有小锣小鼓，音调和谐，悠扬悦耳。

靖阳节是屯溪黎阳的旧俗，时间为农历八月初一至十三。初一这天晚上，屯溪黎阳乡所属的11个菩萨会就会组织"打仗鼓"。

农历八月十一下午，各个菩萨会抬着神像，由游锣、蜈蚣旗、三角旗、三眼铳、亮伞、仗鼓等前呼后拥，轮番出游。

农历八月十二晚，所有菩萨按先锋、任元帅、程元帅、赵元帅、钱将军、二相公、八大帝、九相公、新关帝、老关帝、汪公秩序列队，集中在小龙山祭坛，行祭拜礼、烧纸马等。

农历八月十三上午，所有的神像会被人们抬着绕乡游一圈，最后集中在汪公庙前的戏台下，人们将汪公和关帝置在当中，其余各神骑马，由先锋带头，绕场跑3圈。九相公跑9圈，每跑一圈，换袍甲一件，俗称"跑马磨豆腐"，整个跑马过程中燃炮鸣鼓，好不热闹。

摸秋是屯溪人在中秋之夜进行的一项活动，这天晚上，任何人都可以无偿去地里采摘一些瓜果、玉米之类，所"摸"之物只能用手拿，不得用篮、袋等物品代替，意思是讨个预兆，看看这年的运气。

而对于那些已经成熟的青豆、冬瓜之类长毛的蔬果，却没有一个人去摸，因为摸着就寓意快要倒霉了。还有的人会摸个冬瓜，将瓜面画成孩子脸，穿上衣衫，塞到新婚夫妇的被窝里，而后向主人道喜，恭贺添丁，博得主人欢心，就可取月饼、果点等食用。

祭灶俗称拜灶师菩萨，

■屯溪博物馆 坐落于屯溪老街168号，建筑面积约700平方米，馆内陈列有明清家具、古字画、瓷器、玉器、青铜器、文房用具及徽州砖雕等。其中《徽州砖雕艺术展》《徽州人物容像展》《明清家具展》三大专题展，主要展示徽州的砖雕艺术、绘画艺术、古代家具艺术，以及从中延伸出的古徽州风土人情、纲常礼教，具有典型的古徽州艺术风韵。

挂满红灯笼的屯溪老街店铺

农历十二月二十三小年这天，家家户户都会祭灶。灶门上方贴上对联："上天奏善事，下界保平安。"

太阳落山之后，人们就会在灶台上供奉12个寿桃，代表一年的12个月。祭完灶，到室外将灶神像烧毁，意为送灶神上天。

在安徽的习俗中，过年有各种各样的忌讳，一忌说坏话，二忌打碎杯碗器皿，三忌损坏衣物，四忌扫地，五忌向门外泼水，六忌打骂儿童，七忌服药，八忌用白、蓝、绿、青、黄等颜色。

人们认为触犯了这些忌讳，就是不祥的征兆，这一年就会有破财、生病及其他灾祸发生。久而久之，就形成了这样一种意识。

阅读链接

黎阳仗鼓在古徽州久负盛名。为了祭祀先祖，黎阳人每年都要在汪华当年秋操练兵的农历八月举办大型庙会，叫八月靖阳。其间，打仗鼓是最为热闹的一个活动。

农历八月十三这天，打仗鼓一直要打，直至庙会结束。先是每天四鼓二笛一锣为一班，轮流上阵，夜夜击鼓奏乐，走遍黎阳的大街小巷。

在"咚、咚、咚"的仗鼓声中，村民们扫村落、接亲友、逛庙会，喜庆的气氛日益浓郁。到菩萨出游时，24位武士打扮的后生就会同时上街"打仗鼓"。

那雄壮威武的鼓点，缓时声声如雷、九天回响，急时排山倒海、气势如虹，再加上悠扬的曲笛、清脆的云锣，大有当年汪华"沙场秋点兵"的意味。

三坊七巷

　　三坊七巷地处福建省福州市中心，总占地面积约为38万平方米，基本保留了唐宋的坊巷格局，大多在宋朝时期定下坊巷之名，有保存较好的明清古建筑159座，被誉为"明清建筑博物馆""城市里坊制度的活化石"。

　　三坊七巷是福州南后街从北到南依次排列的10条坊巷的简称，向西3片称"坊"，向东7条称"巷"。此街区是我国十大历史文化名街之一，也是福建地区保存最完整、最著名的坊巷，十分珍贵。

名士辈出的坊巷院落

福州又名榕城，从汉朝开始，福州先后建成了冶城和子城等6个城垣，并由北向南逐渐扩展。

布局以屏山为屏障，于山和乌山两山相互对峙，以南后街为中轴，两侧对称成坊成巷，逐步演变成三坊和七巷组成一条街的格局。

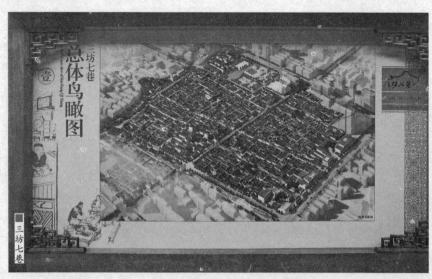

自唐以后，福州政治、经济、文化迅速发展起来，唐昭宗李晔命王审知字福州建造了罗城，罗城南面以安泰河为界，政治中心与贵族居城北，平民居住区及商业区居城南，分段围墙，同时强调中轴对称。这些居民成坊成巷，逐渐形成了三坊七巷的格局。

三坊七巷人杰地灵，历代众多著名的政治家、军事家、文学家、诗人等都从这里走向辉煌，有的从坊名和巷名就可看出他们当年的风姿和荣耀。

宫巷原名仙居巷，是因巷内建有紫极宫而得名。宫巷里的住宅结构十分精巧，单是室内的木雕石刻构件就令人叹为观止。如漏花窗户采用镂空精雕，榫接而成，通过精心编排木格的骨骼而形成精美、丰富的图案装饰。

在木穿斗、插斗、童柱、月梁等部件上的装饰都是精雕细刻，各种精巧生动的石刻在柱础、台阶、门框、花座、柱杆上随处可见，是福州古建筑艺术的集大成者。

宫巷北侧为林聪彝的家宅，1645年唐王朱聿键在福州即帝位时，将此处设为大理寺衙门。道光年间，被林则徐的次子林聪彝所购置，晚年后一直居住在这

■ 宫巷牌坊

朱聿键（1602年—1646年），小字长寿，南明第二任君主，为明太祖朱元璋二十三子唐王朱桱的八世孙。谥号为配天至道弘毅肃穆思文烈武敏仁广孝襄皇帝。他在郑芝龙、黄道周等人扶持下于福州登基称帝，改元为隆武。他即位后，收复失地，出兵北伐。1646年，绝食而亡，享年44岁。

里，直至病终。

林聪彝家宅气魄恢宏，庭院深深，活动空间十分宽广，在福州的古家宅中实属罕见。

家宅坐北朝南，占地面积3000平方米左右。临街设有6扇大门，为木构架结构，斗拱、雀替、悬钟等雕刻精致，墙檐下有精美的灰塑雕像。

主座四进，第一进南面照墙上堆塑有獬豸图案，为明朝时期大理寺衙门的标志。各进之间隔以高墙，过道设有亭阁遮雨，每进东边都有小门通往东墙外的花厅和园林，往来非常方便。

园林布局宽广，建有榕树、竹林、花坛、鱼池、拱桥等，景色宜人，其中小叶榕尤为珍贵。园林西北面建有后花厅，木架结构，梁柱粗壮硕大，檐下悬钟雕刻有佛手等柱头，精巧雅致。

黄巷与南后街相隔，与衣锦坊东西相连。据记

■三坊七巷的巷道

载，晋永嘉年间，闽国公黄元方曾落户于福州南后街，故称为黄巷。

至唐朝末年，崇文官校书郎黄璞退隐之后也居住在这里。

黄巢军入福州的时候，因闻黄璞的大名而命将士们灭烛夜过黄巷，以免打扰黄家的休息，从此黄巷名声大振。

黄巷中段的北侧为黄楼，由唐进士、崇文阁校书郎黄璞所建。黄楼为双层楼阁，面阔3间，进深5柱，穿斗式木构架，梁架上描龙绘凤，楹门窗户都为楠木所制，选材珍贵，做工讲究，雕刻精细。

楼上走廊两侧出挑露台，通连假山，楼两侧靠墙是糯米与三合土制成的雪洞。

楼前为一通天井，与对面太湖石垒成的假山和鱼池相映成趣，一座拱形的小石桥跨越其上，桥栏板上刻有"知鱼乐处"4个字，鱼池水清见底，群鱼游弋。

东侧为一座半边凉亭，垂柱上刻有松鼠、燕雀、蜻蜓、谷穗、玉米等，凉亭四周挂有12个悬钟，各尽其致。庭内修竹数行，花木扶疏，环境清幽，格调高雅。

巷内历代多住有儒林学士，人文荟萃，是文化名人和社会名流的

黄巷牌坊

古色古香的千年古街

■ 三坊七巷的石桥

进士 我国古代科举制度中，通过最后一级中央政府朝廷的考试者，称为进士，意为可以进授爵位之人。隋炀帝大业年间始置进士科目，唐也设此科，凡应试者谓之举进士，中试者皆称进士。元、明、清时，贡士经殿试后，及第者皆赐出身，称进士。

集居地。清朝的知府林文英，榜眼林枝春，巡抚李馥，楹联大师梁章钜，进士陈寿棋、赵新等，都曾居住在巷内。

位于黄巷东段北侧的是郭柏荫家宅，俗称"五子登科"宅第，明清两朝的建筑风格明显，始建于明朝，原为福州衙门所在地，清道光年间，进士郭柏荫显贵后购置重修，世代居住。郭柏荫的父亲郭阶三，生有5子，皆登科第，所以在宅前悬挂有"五子登科"的牌匾。

宅第总建筑面积为2130平方米，主座建筑前后三进，坐北朝南，四周围有围墙，宅第的门面非常壮观，东西间距可达20多米。

第一进为厅堂，面阔5间，进深7柱，扛梁减柱造木构架，前廊宽敞，厅中留有28根大木柱，用材硕大，显得雄伟。二进结构与一进相同，过后为天井。

东墙外为花厅园林，庭院内有造型别致的假山、水清见底的鱼池、小巧玲珑的花亭以及错落有致的树木等，颇具江南园林韵味，其中还保留有一棵珍贵的古羊婆树。

吉庇巷俗称"吉避巷"。传说在宋朝时期，郑性之高中状元之后便衣锦还乡，巷中曾经看不起他而又凌辱过他的居民听说后避而不出，所以戏称为"急避巷"。明代之后取谐音改为"吉庇巷"，寓意吉祥如意。

吉庇巷北侧有谢家祠，建于明代，坐北朝南，占地面积1025平方米。谢家祠前后四进，前为浅面厅，青石框大门为主座，门楣上有一对青石的门簪，为明朝的规制，极为少见。

主体建筑用材硕大，三面环廊，当中天井，全部用条石铺砌。墙檐下塑有"八仙过海""双狮戏球"等图饰。花厅小巧玲珑，旧时为书斋。祠内还完整地保存两块"武魁"牌匾。

衣锦坊是三坊中的第一坊，又名为通潮巷。据清朝时期的《榕城

三坊七巷的民居

■ 民居内的天井

考古略》记载，宋朝的文人陆蕴、陆藻兄弟就居住在
这里，名为禄锦坊，后南宋文人王益祥被任命为江东
提刑之后，更名为衣锦坊。

这些都是说坊内有人出仕做大官衣锦还乡之后而
荣耀乡里，因为这个地方是水网地区，福州西湖和南
湖的潮水可以通到这个坊巷的沟渠里去，所以坊名也
一度被改为通潮。

在衣锦坊东口北侧有全坊最大的宅院，创建于明
万历年间，原是郑姓人家的住宅，至清道光年间为巡
抚孙翼谋家族所有，以后长期都有孙氏子孙居住。经
过多次重修，成为3座毗连的深宅大院。

从西而东，第一座为主座大院；第二座为别院；
第三座为花厅园林。厅堂面阔3间，进深7柱，别院采
用明三暗五的格局。每进东侧都有小门通往别院，别

院由书斋、佛堂、厨房、饭厅、库房等组成，再往东又有小门通第三座花厅园林。

花厅的最大特色就是建有水榭戏台，是福州市仅存的一个水榭戏台，是府内喜庆时举行宴会的重要场所。水池面积60平方米，池底涌泉，长年不涸，池内养有金鱼、鲫鱼、龟鳖等水生物。

建在池上的水榭戏台，坐南朝北，是一个木构的单层平台，4柱单开间。内顶上有方形藻井，中刻团鹤，周饰蝙蝠，象征福寿双全。

戏台三面临水，中隔天井，面对楼阁，拾音特别好，在这个地方观看戏剧演出，水清、风清、音清，极具有声学和美学价值。

戏台正对面建有双层的楼阁，可供聚会、看戏或登高望远。墙头、檐下、屋脊塑花边纹饰等都是精工

天井 四面有房屋、三面有房屋，另一面有围墙或两面有房屋、另两面有围墙时中间的空地。是南方房屋结构中的组成部分，一般为单进或多进房屋中前后正间中，两边为厢房包围，宽与正间同，进深与厢房等长，地面用青砖嵌铺的空地，因面积较小，光线为高屋围堵显得较暗，状如深井，故名。

■ 郑姓宅院里的水榭戏台

细做而成，造型独特，别具一格。

文儒坊是三坊的第二坊，初名为儒林，后因为宋朝的祭酒郑穆居住在这个地方，所以更名为文儒坊。

郑穆任国监祭酒，是宋朝最高学府的重要官员，从三品官附。明朝的抗倭名将张经、清朝名将甘国宝、被誉为"民进士"清朝人陈承裘的家宅也在坊内，是一座坐北朝南的大宅，这条坊因历代文儒辈出而闻名全国。

光禄坊是三坊中的第三坊。光禄坊内曾经建有一座法祥院，俗称"闽山保福寺"。当时的福州郡守程师孟经常到这里吟诗游览，僧人就在石头上刻了"光禄吟台"4个字，他为了感谢僧人，就作诗一首：

永日清阴喜独来，野僧题石作吟台。

无诗可比颜光禄，每忆登临却自回。

光禄坊的名字也由此而来，光禄吟台最负盛名，保留有宋至清时期的摩崖题刻多处。

位于光禄坊中段北侧的是刘家大院，自西而东4座并列：东从道南祠，西至早题巷，南临光禄坊大街，北靠大光里，总面积4500多平方米，是福州规模最大的单姓宅院。

刘家大院坐南朝北，建筑尺度和用材也很惊人：前后檐下的廊檐石又长又宽，梁柱等结构构件硕大，天井里的石勒脚很多都是用整块的大青石砌筑而成，充分体现了南方建筑灵动通透的特点，同时也彰显出一种稳重和大气的气势，展示了刘家的富足和气派。

杨桥巷是七巷中最北的一条巷。杨桥巷古名为登俊坊，因向西能直通杨桥而更名。

杨桥巷南有座"双抛桥"，虽然规模不大，但是却有很多动人的传说故事。

双抛桥地处内河沟道，是东西两水相交汇的地

■三坊七巷的石盆

■ 三坊七巷老宅内的天井

隔扇 也称格扇、长窗，是用木做成的柱与柱之间的隔断窗，周围有框架，中间划分为花心、绦环板、裙板等五道，可透光通气。根据建筑物开间的尺寸不同，每间可安装四扇、六扇或八扇隔扇。

方，能够感受到"万里潮来一呼吸"的内河奇观。

在双抛桥边两岸相向的地方，长有两棵榕树，在空中枝叶交汇，相拥成荫，有青年男女殉爱的凄美故事，传之久远，以至于后人都说不清是先有了这两棵树，再有了这座桥，还是先有桥后有树了。

安民巷位于黄巷南，隔着南后街与文儒坊相对，曾名为"锡类坊"，后改名为"安民"据说还与黄巢入闽有关。传说黄巢率军进入福州之后，第一件事情就是出示安民政策，人们感激黄巢，就将他下发命令的巷子命名为安民巷。后居住在巷内的人家多为社会贤达，巷内西侧的民居旧宅仍保留了原始的匀称格局和古朴风韵。

鄢家家宅就位于安民巷的南侧，建于清乾隆年间，原为"鄢氏太澄公宗祠"。家宅坐南朝北，四面围墙，占地面积1425平方米。

　　主厅前廊有小门直通西院花厅，一进大花厅是精华所在。客厅房间全用楠木，精雕落地门，尤显富丽堂皇。房前有一个小厅，缀以配着花窗的隔扇，厅前的轩廊有卷棚装饰屋顶，悬钟和雀替上刻有花果，造型独特。

　　轩廊前有一对用青石为基的大柱，四周刻有蝙蝠图案。廊下为条石天井，铺就得十分平整，西墙设有两层石制的几案式花架，专供摆设花盆。

　　天井西侧栽种有一棵百龄的洋桃树，恰似一个大型的盆景摆放在那儿。东墙角为一座木构的半边亭，小巧玲珑，里面有3个小型的花篮式悬钟，钟身雕刻的花纹细腻精美。

　　塔巷曾名修文巷，后宋朝知县陈肃将名改为"兴文巷"。后来，人们因这个巷内建有阿育王塔而称为"塔巷"。此塔位于巷的北端，被视为福州文运兴盛的象征。

　　塔巷西段的北侧为汀州会馆，贯穿塔巷和郎官巷，始建于清初，乾隆、嘉庆年间都曾进行过修葺。会馆四面围有围墙，坐北朝南，总占地面积为2000多平方米。会馆主楼前后三进，临街有6扇大门。首进

■ 三坊七巷中的安民巷

古色古香的千年古街

■ 三坊七巷的老宅厅堂

郎官 秦汉时期
郎官属郎中令，
员额不定，最多
时达五千人，有
议郎、中郎、郎
官第侍郎、郎中
四等。以守卫门
户、出充车骑为
主要职责，随时
备帝王的顾问和
差遣。魏、晋除
尚书郎中，又有
秘书郎、著作
郎、黄门郎等。
唐六部以郎中、
员外郎为司官，
历代沿置。

建筑三面环廊，廊下大天井均用大条石铺砌。厅堂面阔3间，进深7柱，穿斗式木构架。

主楼东侧为花厅，石门框内设卷书形关合窗，前天井上使用玻璃天窗，既利于采光又可防雨。后天井内鱼池、假山、雪洞等一应俱全。

尤其是园林内的假山、花木布置精巧，灰塑的佛像如弥勒、观音等形态逼真，惟妙惟肖。

郎官巷在杨桥巷南，位于南后街的东侧。因为宋朝时期的郎官刘涛居住在这里，后世子孙世皆为郎官，所以称为郎官巷。

位于郎官巷的西段有一书屋，名为二梅书屋，是道光年间丙戌进士林星章的宅院，因院内种植有两棵梅花树而得名。二梅书屋始建于明末，清道光、同治年间曾经进行过大规模的修复。

书屋坐南朝北，前后、左右共五进，占地约为2500平方米，自郎官巷可以直通塔巷。大院朝街共有6扇大门，厅堂正间用彩金插屏门分隔前后两厅。

两侧厢房的窗棂用木格纹编缀成各种纹饰，门扇、窗扇、壁板等全部用楠木雕刻绘制而成，十分珍贵。各个房屋之间以围墙相隔，过道露天的地方都建有亭阁遮雨。

二梅书屋屋前栽种有两棵梅花，自成院落。二梅书屋的东侧有灰塑雪洞，名为"七星洞"。

门窗都采用双层漏花，冬夹窗纸，夏蒙窗纱，壁板、门扇上部的堵板上有漆画的树木花鸟和戏剧故事。厅前的小花园中建有两座古亭，其中一座是六角半边亭，并伴有一棵百年的荔枝树和一棵棕树。

林文忠公祠建于1905年的光绪年间，是林则徐的后裔及乡贤为了纪念林则徐，在奏请朝廷恩准后而修建的专祠。

林文忠公祠包括牌楼门、仪门、御碑亭、树德堂、花厅、云左阁和园林等，是一座具有晚清福州风格的古典园林式祠堂建筑。

窗棂　即窗格，也就是窗里面横的或竖的格。窗棂上雕刻有线槽和各种花纹，构成种类繁多的优美图案。透过窗子可以看到外面的不同景观，好似镶在框中挂在墙上的一幅画。它是我国传统建筑中最重要的构成要素之一，成为建筑的审美中心。

■ 三坊七巷内的塔巷

乡约碑靠近文儒坊口，碑上刻有碑文：

> 坊墙之内，不得私行开门并奉祀神佛、搭盖遮蔽、寄顿
> 物件，以防疏虞。三社官街，禁排列木料等物。光绪辛巳年
> 文儒坊公约。

从落款来看，这个公约是在1881年的清光绪年间订立的，旨在奉劝坊内的人们注意文明，保护坊巷。

这是福州古坊巷中仅存的一通乡约碑，在全国实属罕见，或许正因为有了它，坊巷内的人们才将这些建筑保护得特别完好。三坊七巷内保存有200多座建筑，是我国不可多得的"明清建筑博物馆"。

福州三坊七巷的形制以民居为主，商铺极为少见，在坊巷的出入口处建立有封闭的高墙，并立碑约束居民的行为，因此被称为"城市里坊制度的活化石"。

阅读链接

五代后周时期，燕山府有个叫窦禹钧的人，最初心术不正，经常坑害乡里，过而立之年却无一子。

后梦见已故父亲怒斥自己，说自己的恶性已经触怒天帝，惩罚他命中无子，并且短寿。训诫他要广积阴德、回转天意。

窦禹钧这时才幡然醒悟，开始修身养性，广做善事，重新做人。后来，他接连生有仪、俨、侃、偁、僖5个儿子。他谨记祖训，教导儿子们仰慕圣贤，刻苦学习，为人处世，不愧不怍。

结果，他的5个儿子都品学兼优，先后登科及第，出侯入相，人皆称之为"五子登科"。

南后街及坊巷特色

福州的三坊七巷不仅有3条坊和7条巷，还有一条闻名遐迩的南后街。南后街西起杨桥路口，南至吉庇路，全长1千米左右，是福州三坊七巷的中轴所在。在南后街的东侧有7巷，西侧有3坊，是福州主要的商业街，由北到南路面商贾云集。

这里不仅有提供柴米油盐和日常生活所需的店铺，还有专为文人

■南后街石牌坊

■ 南后街上的花灯

服务的刻书坊、笔墨店和裱褙店，以及元宵、中秋两节的灯市。

正阳门外琉璃厂，
衣锦坊前南后街。
客里偷闲书市去，
见多未见足开怀。

这首诗将南后街比为北京正阳门外的琉璃厂，充分展现了南后街的文化风貌。明清时期的南后街依旧延续着"粉墙黛瓦石板路"、两旁铺面林立的热闹街市景象。后来，人们将路面拓宽，改成了柏油马路。

南后街的花灯始于宋朝，兴盛于明清时期。花灯具有观赏、祈求吉利和增添喜气的作用，所以深受人

灯市 从唐代开始，每年的农历正月十五夜都会张灯，至宋代时达到极盛。自腊月末至正月初，民间已有各种奇巧灯彩应市，被称为"灯市"。后世相同，直至近代。是元宵节前后张设、悬售花灯的地方。明田汝成《西湖游览志余·熙朝乐事》中就有灯设市的记载。

们喜爱，传承千年而不败。

早在宋代，福州的花灯就很有名了，据宋代《武林旧事》记载，福州用纯白玉镶嵌的花灯"晃耀夺目，如清冰玉壶，爽彻心目"，在入京参展的花灯中列为上品。当时全国各地都有制作花灯的作坊，而苏州和福州的花灯最好，福州更在苏州之上。

最初的元宵节花灯，是官府为表示"与民同乐"而举行的民间灯展活动。明代学者王应山《闽大记》中有"沿门悬灯，通宵游赏，谓之灯市"的记载。

福州素有送灯的习俗。因"灯"与"丁"在福州方言中是同音，送灯意为"添丁"。有了需求后，也就有了灯市场，南后街就是制作和售卖春节花灯的最大集市。

早年福州女儿出嫁，不论有否生育，娘家都得送灯，没生育就送"观音送子"灯或"天赐麟儿"灯。孩子出生的第二年就送"孩儿坐盆"灯，第三年以

词　诗的别体，是唐代兴起的一种新的文学样式。至宋代，经过不断的发展，进入到词的全盛时期。词又称曲子词、长短句、诗余，是配合宴乐乐曲而填写的歌词，词牌是词的调子名称，不同的词牌在总句数、句数、每句的字数和平仄上都有规定。

南后街元宵灯会

■ 三坊七巷居民家中的花灯

后送"橘"灯，有几个孩子就送几盏，一直送至小孩16岁为止。有的生两个送3盏，多的一盏叫"出头灯"，希望小孩出人头地。

居住在宫巷的清嘉庆举人、林则徐好友杨庆琛的《榕城元夕》竹枝词对此有生动的描写。词说道：

> 天赐麟儿绘彩缯，新娘房中霞光增。
> 宵深欲把金钗卸，又报娘家来送灯。

麒麟 亦作"骐麟"，简称"麟"，是我国古籍中记载的一种动物，与凤、龟、龙共称为"四灵"，是神的坐骑，古人把麒麟当作仁兽、瑞兽。雄性称麒，雌性称麟，明代郑和下西洋带来了长颈鹿后，又用来代指长颈鹿。常用来比喻杰出的人。

南后街的灯市旧俗从正月初三开始，直至十五闭市，其中以初八至十二最为热闹，民谚有"元宵只看初八灯"之说，因正月十三夜是"上纸盲"也就是"花灯"的意思，娘家人送灯必须赶在十三前。元宵之夜大人为孩子点燃花灯加入邻里儿童的迎灯队伍中，每年的元宵夜成了儿童的欢乐之夜。

南后街以前有好几家专制花灯的店铺，大多是家传手艺，由于花灯的买卖只有正月这几天，所以平时只做一些大户人家悬挂的大球灯、用于寺庙悬挂的大灯笼或迎神用的"高照"灯、丧事用的"百子千孙"灯、照明的小灯笼和用于节庆的舞龙灯等。

制作花灯的材料有纸、布、竹、木等，有西瓜灯、莲花灯、菜头灯、橘子灯、绵羊灯、猴子灯、关刀灯、麒麟灯、状元骑马灯、观音送子灯等。

扎灯艺人还根据需要，制作一些精致的花灯，选用纱、绸、缎、绢、玻璃等制作宫灯、走马灯、壁灯和各式挂灯，品种丰富，雅俗兼备，玩赏并收。形形色色的花灯为人们增添喜气和吉祥。

从建筑空间的角度来说，三坊七巷在中轴线上的主厅堂比我国北方的厅堂要高、要大、要宽，和其他廊、榭等建筑形成高低错落、活泼而又极富变化的空

榭 我国园林建筑中依水架起的观景平台，平台一部分架在岸上，一部分伸入水中。榭四面敞开，平面形式比较自由，常和廊、台组合在一起。多建于水边或者花畔，借以成景，一般开敞或设窗扇，以供人们游憩和眺望，水榭则主要三面临水。

■ 南后街的西瓜灯

古街韵味

古色古香的千年古街

漏花窗 俗称花
墙头、花墙洞、
漏花窗、花窗，
是一种满格的装
饰性透空窗，
外观为不封闭的
空窗，窗洞内装
饰着各种镂空图
案，透过漏窗可
隐约看到窗外景
物。也是构成园
林景观的一种建
筑艺术处理工
艺，通常作为园
墙上的装饰小
品，江南宅园中
应用很多，具有
十分浓厚的文化
色彩。

南后街店铺

间格局。

为使厅堂显得高大、宽敞、开放，一般都在廊轩承檐的檩木上再加一根，以便协助承檐承重。一般采用粗大而长的优质硬木，用减柱造的办法减少厅堂前的障碍，这在我国的建筑中是实属罕见的。

除此之外，三坊七巷的建筑在围墙、雕饰和门面上也都具有鲜明的特色。

三坊七巷民宅沿袭了唐末分段筑墙的传统，基本上都保留有由高砖、后砖或土筑的围墙。

墙体随着木屋架的起伏呈现流线型，翘角伸出宅外，形似马鞍，俗称马鞍墙。墙只作为外围，承重作用全在于柱。

在江南的建筑中，大部分是呈90度角的直线构成阶梯形的山墙，在福州罕见，三坊七巷民居的马鞍墙就是曲线形的马鞍墙。

一般为两侧对称，墙头和翘角有泥塑的彩绘，形成福州古代民居独特的墙头风貌。

在建筑装饰方面，三坊七巷最具特色的大概就是门窗扇上的雕饰了。普通居民的梁柱简洁朴实，不加修饰，但是在门窗扇雕饰上却煞费苦心。

窗棂制作得精致，木雕镶嵌得华美，其他地区是难以企及的。

窗饰有卡榫式图案漏花的，有纯木雕式窗扇的，也有两者相间使用的，是江南艺术的集大成者。

在卡榫式漏花窗中，工匠通过精心编排，构成不同的装饰效果，分为直线型、曲线型和混合型。直线型卡榫式漏花疏密有致，曲线型富有动感，混合型则变化多端，各自有其吉祥的寓意。

在木雕式窗扇中，有透雕也有浮雕，题材有飞禽走兽，也有人物花卉，窗扇雕饰有对称式也有不对称式。如文儒坊尤恒盛的明代古宅，在二进厢房的门窗隔扇上，就透雕了较复杂的瓶花图案，花瓶寓意住居平安。

浅浮雕 与高浮雕相对应的一种浮雕技法，所雕刻的图案和花纹浅浅地凸出底面，其中落地阳文和留青也属于这一类。这种技法流行于清代晚期，在刻字等方面尤为常见。浅浮雕起位较低，形体压缩较大，平面感较强，更大程度地接近于绘画形式。

■ 三坊七巷建筑中的特色窗饰

三坊七巷的闽都民俗文化大观园

涤环板上是浅浮雕的花开富贵。这些精美的花窗雕饰，充分显示了福建民间工匠的高超技艺。

三坊七巷建筑门的处理也极具特色，约有两种。一种是在前院墙的正中，由石框构成的与墙在同一个平面上的矩形师门；另一种则是两侧马鞍墙夹着屋盖形成较大的楼，像沈葆桢家宅等都是采用的这种门楼。

街两边的三坊和七巷大多保持幽巷深宅风貌，成为人们心目中闹中取静的黄金地段，每天都吸引着人们前来驻足停留。

阅读链接

北宋元丰年间，官府为粉饰太平，下令福州城中的百姓不论贫富，每户都必须在元宵节捐灯数盏。

这个命令引起了居住在南后街郎官巷的学者和诗人陈烈的极大愤慨。

陈烈为人正直，学识渊博，与当时著名的理学家陈襄、国子监祭酒郑穆以及名儒周希孟合称为"海滨四先生"。

陈烈认为这项举措不顾民生，劳民伤财，就跑到"威武军门"的城楼上，持笔写下："富家一盏灯，太仓一粒粟，贫家一盏灯，父子相聚哭，风流太守知不知？犹恨笙歌无妙曲"的话语，道出了百姓的心声，福州太守刘谨看到后，羞愧难当，当即收回了成命。

澳门古城区是一片以澳门旧城为核心的历史街区，其间以相邻的广场和街道连接而成，是我国年代最古老、规模最大、保存最完整和最集中的东西方风格共存的建筑群。

古城区见证了澳门400多年来中华文化与西方文化互相交流、多元共存的历史，也正是中西文化共融的缘故，城区中的大部分建筑都具有中西合璧的特色，至今仍保持着原有的功能。它是我国最古老的西式建筑遗产，是东西方建筑艺术的综合体现。

多元共存

澳门古城区

历史街区的主要载体

几百年前，在北邻珠海有一个名为濠镜或濠镜澳的小渔村，人口集中在南湾一带，因为当时泊口可称为"澳"，所以也称"澳门"。

那里波平如镜，盛产鲜蚝，后来，人们根据地势把澳门比喻为漂出海洋的莲花，因而又称澳门为莲岛，世代居住在这里的人们主要以

澳门妈祖阁大门

捕鱼狩猎为生。

澳门人信奉妈祖，存在澳门各地的妈祖崇拜，表现了澳门与我国广东、福建等地沿海居民妈祖信仰之间一脉相承的关系。

但是，由于社会和历史环境的特殊性，澳门的妈阁在我国众多的妈祖庙中又别具特色，既具有我国向海外妈祖崇拜传播和组织的典型特征，又因独特的地理位置而成为后来中葡文化融合的起点，是我国最早向欧洲传播妈祖文化的地方。

■ 澳门妈祖阁内景

澳门的妈阁，建于1488年的明朝时期，妈阁背山面海，沿崖建筑，古木参天，风光优美。整座庙宇包括大殿、弘仁殿、观音阁等四座主要建筑，石狮镇门、飞檐凌空，是一座富有我国文化特色的古建筑。

妈阁主要由入口大门、牌坊、正殿、弘仁殿、观音殿及正觉禅林组成，各建筑规模虽然细小简陋，但却能充分融合自然，布局错落有致。

入口大门为一牌楼式花岗石建筑，宽4.5米，只开有一个门洞，门楣有“妈祖阁”3个字。

两侧为对联，大门顶部有琉璃瓦顶等装饰，其中门楣顶部更有飞檐状屋脊，脊上装有瓷制宝珠及鳌鱼。紧跟在大门之后为一个3间4柱冲天式的牌坊，由花岗石建造而成，并有4只石狮分置在柱头上。

正殿为供奉天后的其中一个神殿，有神山第一殿

妈祖 又称天妃、天后、天上圣母、娘妈，是船工、海员、旅客、商人和渔民共同信奉的一个神祇。在古代，海上经常会发生海难，造成船只和人员的失踪，所以船员的安全成了每次出海最为关注的问题。人们寄希望于神灵，在起锚之前，先祭拜妈祖，祈求保佑顺风和安全。

正脊 又叫大脊、平脊，位于屋顶前后两坡相交处，是屋顶最高处的水平屋脊，正脊两端有吻兽或望兽，中间可以有宝瓶等装饰物。汉朝以前，正脊平直，从汉朝起正脊开始出现两端翘起，盛行于唐宋，到了明清时期，则多恢复直线。

之称，它和正门建筑、牌坊以及在半山腰上的弘仁殿在空间上呈一直线。

建筑主要由花岗石及砖头砌筑而成，其中花岗石作主导，无论柱、梁、墙身还是屋顶，均由花岗石修筑，两边墙体均开有大面积琉璃花砖方窗，而在较高位置的气窗，则为圆形。

在石造之屋顶上又铺设琉璃瓦顶，并以夸张的飞担装饰正脊及垂脊，而其屋顶造型又分两部分，在朝拜区之屋顶以歇山卷棚顶形式出现，而神龛区上方之琉璃屋顶则为重檐庑殿式，飞檐纯朴有力。

弘仁殿以山上岩石为后墙，再以花岗石为屋顶及两边墙身。殿内的四周墙壁上雕刻着许多海魔神将和天后侍女的浮雕，色彩斑斓，十分精致。

中央供奉天后妈祖，是妈阁各座建筑中历史最悠久的。位于最高处的观音殿，主要由砖石构筑而成，

■澳门妈祖庙

■ 澳门妈阁内的摩崖石刻

其建筑较为简朴，为硬山式做法。

自弘仁殿至观音阁，沿着山崖有不少石刻，有的是名流政要的咏题，有的是文人墨客路过兴起而作，楷草篆隶各样字体全部具备。

自1553年开始，陆续有葡萄牙人来澳门定居，西方文化也随之涌入。为了适应中外贸易的新形势，明朝朝廷特意划出澳门半岛西南部的一片地段，供葡萄牙人为主的外国商人居住和进行贸易，澳门也由此发展成一个重要的对外港口，也是整个亚洲地区重要的国际港口。

随着贸易活动的兴盛，世界各地的人们开始进入澳门，形成一个融合了欧、亚、非、美洲的华、洋人杂居区域，葡萄牙人将这个区域命名为"天主圣名之城"，澳门古城区就是它的核心部分。

一时间，来自葡萄牙、西班牙、荷兰、英国、法

庑殿 我国古建筑中的最高形制，常用于宫殿、坛庙一类的皇家建筑中，是中轴线上主要建筑最常采取的一种形式。其他官府、衙属、商埠、民宅等都不允许采用庑殿这种建筑形式，所以一般都用材硕大、体量雄伟、装饰华贵富丽，具有较高的文物价值和艺术价值。

国、意大利、美国、日本、瑞典、印度、马来西亚、菲律宾、朝鲜甚至非洲地区等不同国家的人们，带着不同的文化思想、技艺和风俗习惯来到澳门，在这里展开多姿多彩的生活和各类文化活动。

在这种历史机遇下，澳门得风气之先，成为我国接触近代西方器物与文化最早、最多、最重要的地方，是当时我国接触西方文化的"桥头堡"。

与此同时，居住在澳门的外国人，也以各种方式向世界各国介绍在澳门见到的一切我国文化思想与生活习俗，澳门成为一道外国认识中国的门户。

随着外国人的定居，他们把自己国家的建筑传统越洋带到澳门，使澳门成为近代西洋建筑传入我国的第一站。尤其是葡萄牙人在澳门的建筑物，处处体现了与葡萄牙本土建筑的密切关系。

事实上，欧洲文艺复兴之后的一些主要建筑形式和风格，以及亚洲其他地区不同的建筑元素在澳门相互融合，产生了一种独特的建筑风格，形成最初的澳门街区。

历史上，澳葡当局曾多次在澳门建筑城墙，最早可追溯至1569年，之后，由于我国政府不许私筑城墙而被明朝政府拆毁。但是，葡

■澳门建筑

萄牙人不顾明政府的反对，继续筑墙，并在许多要塞处建置了炮台，使澳门成为一座在军事上防范甚为严密的城堡。

旧城墙的墙身以沙泥、细石和掺杂蚝壳粉等物料逐层压实筑成。旧城墙中有一圆拱形门口，墙后为民居，旧城墙末端还保留有一块"梁永馨香庄"的旧招牌。

东望洋炮台又称松山炮台、东望洋山炮台，是我国西式炮台建筑群的一部分。东望洋炮台除数座炮台堡垒外，还有由四组隧道组成的防空洞。

三街会馆是一个供奉关帝的庙宇，在明朝末年就已经存在了，清朝时定名为三街会馆。三街指澳门最早的3条街道：营地大街、关前街和草堆街，会馆则由3条街道的商行组成。

三街会馆最早是商人议事的场所，澳门的商贾们在此联络感情、沟通商情，也是清政府发布公告的重要场所。久而久之，三街会馆就成为澳门华人的议事场所，而后来的澳葡政府也把会馆作为联系华人的唯一场所。

三街会馆开设之初，设有关帝像进行供奉。后来，由于三街会馆的功能消失，庙宇成为了会馆的主要功能，所以也称"关帝庙"。

随着葡萄牙人及众多国家人们的涌入，西方传教士也随之进入了我国澳门，他们以澳门为传教的基地，并不懈地向澳门当地的中国人传教，且建立教堂，创造出中西文化交流的辉煌篇章。16世纪晚期便有数以千计的澳门人加入了天主教。

这些传教士来自不同的修会，他们为我国带来了西方的科学技术及人文艺术，同时也向西方介绍了我国的文化成就。

圣安多尼教堂就是在当时顺应形势而建的第一座教堂，创建于1558年至1560年之间，最初为茅草覆盖的简陋小教堂，之后又用石头重新兴建，并在后代进行过多次修葺。

教堂内供奉的是圣安多尼，是葡萄牙人熟识的圣徒，被视为掌管人间婚姻的圣人，所以很多居住在澳门的葡萄牙人选择在这里举办婚礼，人们称之为"花王堂"。

教堂室内采用砖木结构，椭圆形木构拱顶，长方形中厅无柱廊阻隔，从天花板上垂下华丽的枝型大吊灯。堂内祭坛为巴洛克式圣坛，采用断山花和双柱的形式，中间有耶稣钉在十字架上的塑像，上面有

■澳门古炮

耶稣会标志 HIS。

1568年，贾尼劳辅理主教来澳门后，创建了仁慈堂，也称"支粮庙"，用来赈灾济民发放粮食。

后来，教会在此设立麻风病院，并设麻风病小教堂，供麻风病人祈祷用，葡萄牙人称为麻风人主保圣堂，俗称麻风庙，又称风堂庙，这在我国的古籍中被称为麻风寺。

1576年，罗马教皇宣布将澳门升为天主教主教区，望德堂成为澳门的第一座主教座堂。凡是新任的主教必须到望德堂领取法杖之后才有行使职责的权利。

后来，在原堂附近又另建一座望德堂，供居住在附近的教友祈祷，以避免与麻风病人混杂。之后，教徒们还在望德堂前建立了一个刻着拉丁文"望德十字架，1637年立"的石制十字架。

1569年，第一任正式的澳门葡萄牙主教贾尼路创立了仁慈堂，因其负责慈善救济的工作，故名"仁慈堂"。仁慈堂成立之后，开办了

■ 望德圣母堂 又称圣拉匝禄堂，是澳门最早的一间华人教堂，在大堂前面的主教堂建立前，曾是澳门主教的座堂，为澳门教区成立后第一座主教座堂。每逢新任主教到澳就职，必先到望德堂领取法杖，以行使其权责。因此，望德堂在澳门天主教人士中享有崇高的地位。

我国第一间西式医院，即白马行医院，里面设有育婴堂、麻风院、老人院和孤儿院等机构。

仁慈堂为砖石建筑，由于后加的两层券廊赋予了它新古典外衣从而被人们所乐道。

仁慈堂大楼建于18世纪中叶，为一两层高的欧陆式的传统建筑物，上有三角楣，整体白色设计，外表亮丽。地面层建有拱廊，上层走廊外建有拱窗，有镂石栏杆，还有后建的新古典主义式的拱廊部分。

仁慈堂馆内最珍贵的是1662年"澳门仁慈堂章程"的手抄本，是仁慈堂最早及保存最久的历史文献，具有很高的历史价值。此外，还有创始人贾尼路主教的头颅遗骨以及当年陪葬的十字架、贾尼路全身画像和前白马行医院的铜钟以及天主教的一些祭器用品和圣像等。

仁慈堂大楼建筑整体除花岗石柱基以外，均粉刷以白色，虽立面装饰线非常丰富，但依然给人一种安静高雅的感觉。建筑物正立面上层为大楼的外廊，下层为宽两米的通道。立面墙身是建在10个方形的花岗岩柱基上，柱基间则以砖券相连。

同时，在柱基上均设有一对壁柱作为装饰，这种券柱式建筑手法在立面上重复使用，从而令大楼立面具有一种镂空的效果，建筑物宽22米，女儿墙高度为12.5米，左右分为3部分，中间部分宽22米，顶上的三角形山花高达16米，打破了建筑物的水平感。

主面上下两层各开有7个券拱，其中以中间3个较大，而券拱两侧的壁柱在形式和柱式上都有所不同，上层中央3组为爱奥尼式圆柱，两侧4个为爱奥尼式方柱，至于下层则为科林斯柱式，两侧为圆柱，中间却是方柱，并以叠柱形成出现。

圣母圣诞堂又称大堂或大庙，具有悠久的历史。

拱廊 教堂侧廊上层的走廊或露天通道，典型的为中殿连拱和高侧窗之间的一层通道。是一连串由柱子支撑的拱形结构，有时成对，上有遮盖，形成走道。拱廊背面墙壁两侧开有两个玻璃窗，正面拱门上方拱廊的每个小拱中装饰有六柄刺刀，三柄为一束共两束，立在三叶拱下。

091

■澳门仁慈堂

大堂始建于1576年，是一幢小型木造建筑，后由天主教集众捐款重新改建之后，成为后来的规模。

其中最大的特色是内装嵌有极富艺术性的颜色玻璃，以及正面左右双塔式建筑物，凡举办教会大典，必在此举行，大堂内奉祀的是赫赫有名的耶稣门徒圣彼得。

圣母圣诞堂建筑富有西班牙宗教的色彩，外形庄严纯洁，内部精丽巧饰。教堂雄伟的祭坛下还掩埋有古墓，而宗教名画如《圣约翰受洗图》和《日本天主教徒在长崎被钉十字架图》等也都完整地保存在大堂内。

大三巴牌坊是在1580年建成的圣保罗教堂前壁，糅合了欧洲文艺复兴时期与东方建筑的风格，体现出东西艺术的交融，雕刻精细，巍峨壮观。大三巴牌坊的造价，在当时高达3万两白银，可谓珍贵至极，享誉东南亚。

圣保罗教堂在建立之后就与火结下了不解之缘，先后遭过多次焚毁。教堂第三次修建是由意大利籍耶稣会会士斯皮诺拉神父设计，历时33年建成，是当时远东地区最大的天主教石建教堂。

之后，圣保罗教堂再次惨遭大火焚毁，仅遗留有教堂前的68级石阶及花岗石建成的前壁，因为它的形状与我国传统的牌坊相似，所以取名为"大三巴牌坊"。

牌坊高约27米，宽23.5米，为意大利文艺复兴时期"奇形珍珠"式建筑物，共分五层，顶端竖有"十"字架。

大三巴牌坊嵌有象征圣灵的铜鸽，铜鸽像的旁边围着太阳、月亮及星辰的石刻，象征圣母童贞怀孕一刹那的时光。铜鸽下为一个圣婴雕像，左上是"永恒之火"的雕像，右侧则是"生命之树"的石刻。

第三层的正中刻着一个童贞圣母像，旁边以牡丹和菊花环绕，前者代表中国，后者代表日本。雕像左方还刻有"永恒之众"一艘"葡式帆船"及一个"面目狰狞的魔鬼"。

第四层分别供奉耶稣4名圣徒的雕像。第三层与第四层的左右两侧，雕刻有中华民族传统文化艺术的象征动物狮子，底层为三面门户，正门的楣额上用葡文刻着"MATERDEL"即"天主圣母"。

特别是大三巴牌坊第三层雕像，一系列雕像以正中的无原罪圣母

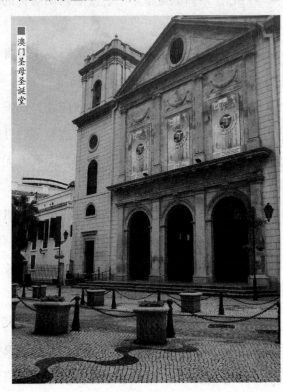
■澳门圣母圣诞堂

■ 大三巴牌坊

像为中心，以高低宽窄不一、左右两两对称的石柱和相关的形式内容分别组成六对雕像。

第一对左右均为中国佛教式的石狮子半身像。第二对左为在圆球上展翅的鸽子，右为双箭交叉穿王冠。

第三对左为女身加魔鬼的头和四肢，其胸被一个镖枪穿中，其右有汉文句为"鬼是诱人为恶"，左边有顺时针方向的右旋十字。右为骷髅白骨一具，其左边有汉文句为"念死者无为罪"，其右边有逆时针方向的左旋十字。

第四对左为圣母在大海上护导一艘三桅帆船，右为圣母足踏七头之龙，其右上角有汉文句为"圣母踏龙头"。

第五对左为三层双龙或人头的喷水柱及长方形水池，右为一棵生命树或菩提树。

大三巴牌坊的5对雕刻不仅具有明显的非传统的天主教的形式及内容，而且其中有3个雕像分别附刻一句汉文的说明文字。

大三巴牌坊上各种雕像栩栩如生，既保留传统，更有创新；既展现了欧陆建筑风格，又继承了东方文化传统，体现着中西文化结合的特色，堪称"立体的圣经"，是远东著名的石雕宗教建筑，后来成为澳门的标志性建筑。

位于澳门大三巴牌坊前的是耶稣会纪念广场，是为了纪念到澳门建立圣保罗学院的耶稣会会士而特别建造的。

耶稣会纪念广场是由一组宽大的梯级及邻近四通八达的斜坡街道构成，其主题中心点是大三巴牌坊，北面设有天主教艺术馆与墓室；东面是柿山，山上设有澳门大炮台及澳门博物馆；西北面是大三巴和哪吒庙。

为了方便出海，葡萄牙人在靠近码头的地方修建了圣老楞佐教堂，通称风顺堂。在教堂内设有风信旗杆，是葡萄牙人决定是否出海的重要指标，所以这座教堂也被称为"风信堂"。

教堂的屋顶采用了我国的金字瓦面风格，室内的装饰也充满了东方色彩，在周围西式建筑的衬托下显得古雅逸趣。

圣奥斯定教堂是由意大利天主教奥斯定教会，在1586年来澳门传教时兴建的，于1825年重修，外形庄严雄伟，内部装潢宽敞阔大，用大理石建成的祭坛上有一座耶稣背十字架的雕像。

1616年，出于对澳门教堂的保护需要，教会在大三巴牌坊旁边修建了大炮台，又名圣保禄炮台、中央炮

大三巴传教士雕塑

澳门圣老楞佐教堂

台或大三巴炮台，是主要是为了负责保护圣保罗教堂内的教士而兴建的，一般用来防范海盗，后来转为军事设施区。

炮台上有大片空地，绿草如茵，参天古树，生长得极为茂盛。巨型钢炮，雄踞于旁。

炮台占地约1万平方米，呈不规则的四边形，边长均约为100米，4个墙角外凸成为棱堡，炮台东北、西南及东南面墙身建基于3.7米宽的花岗石基础上，墙身以夯土砌建，异常坚实。墙高约9米，往上收窄成2.7米宽。

女儿墙高约2米，呈雉堞状，可架设多达32门大炮，以防范来自两个方向的攻击，东南墙两角设有碉堡。面向我国的西北墙身，主要以花岗石砌筑，女儿墙较矮且没有炮口设置，这主要显示其对海外的防御作用以及对当时政府的友好姿态。

炮台的正门入口设在东南墙上，大门后有一些简单房间，是当时军事用房。沿着一条短短的弯曲坡道，可到达炮台宽敞的大平台，历史上炮台平台上及其下层空间地有军事设施，如西面棱堡内有弹药库、军需库以及储水池等。

军需库储备充足，足以应付长达两年的包围。总而言之，这座炮台为当时澳门防御系统的核心，构成一个覆盖东西海岸的宽大炮火防卫网，从而一直都是城防司令和澳督的住所。

1622年，去往日本的葡萄牙航海者在航线上与荷兰海盗船相遇，双方展开激烈交战，但是葡萄牙的航海者却未受到任何伤害，航海者们深信这是由于神灵的保佑，于是在炮台旁建堂以谢神恩。

主教山教堂又称海崖圣母教堂，供在澳的葡萄牙士兵弥撒祈祷之用，这里地势居高，四周幽静，环境优美。主教山教堂其主体结构由3部分组成，中间是高耸的门楼，足有20多米高，三角形的屋尖上是圣母塑像，左边是三层带拱门和内走廊的主教府，右边是

棱堡　古代堡垒的一种，其实质就是把城从一个凸多边形变成一个凹多边形，以使得敌方无论进攻城堡的任何一点，都会暴露给棱堡多个面，从而可以使用交叉火力对敌方进行多重打击。常见的还有角堡、皇冠堡等。总的来说，多边形的边越多，射击方向也越多，相互掩护也就越好。

■ 澳门古炮台

■ 澳门主教山教堂

祭坛 是古代用来祭祀神灵、祈求庇佑的特有建筑。先人们把他们对神的感悟融入其中，升华到特有的理念，如方位、阴阳、布局等，无不完美地体现于这些建筑之中。祭祀活动是人与神的对话，这种对话通过仪礼、乐舞、祭品，达到神与人的呼应。

直插云霄的钟楼。

在教堂前面还有一个高高的基座，大理石雕刻的圣母像双手合十，面向大海，被人称为"望海观音"。其下还有环抱石阶，可以下到路德圣母岩洞。

洞内怪石嶙峋，中开拱门，立有圣母像，象征着古时圣母在法国路德城内当众显灵的情景。洞内正中设有祭坛，洞前有铁栅围绕，地上设有多排低矮的长石板，供教徒跪拜和忏悔。

与此同时，荷兰人入侵澳门，圣母曾走出小教堂，并张开自己的斗篷来抵挡敌军的枪炮攻击。为了感谢圣母的恩德，人们建造了圣母雪地殿教堂。堂内安放圣约翰洗者的圣像和画像，而圣约翰洗者就是澳门的守护神。

教堂主堂呈长方形，长16米，宽4.7米。为承托拱结构的屋顶，两侧的墙身厚大且有扶壁。教堂屋顶铺设红瓦，屋脊高7米多，檐口高4.8米。在主祭坛右侧，设有一间祭衣房，教堂外面的楼梯，可到达上层的唱诗台。

圣母雪地殿教堂的天花板呈拱形，墙身绘有圣经故事和人物的彩色壁画。祭衣房的壁画线条秀丽活泼，糅合了我国的绘画技法和西方色彩，中西方的文化与艺术和谐地融汇在一起。教堂内的壁画绘有马利亚、圣安东尼、双头鹰与牡丹等图案，极具艺术价值与观赏性。

圣雅各伯小堂于1629年兴建，位于妈阁炮台，教堂内有精致的圣雅各伯雕像以及圣母花地玛、伊莎贝皇后的瓷砖图像。

据说，圣雅各伯是澳门的军事保卫者，他经常在城内巡逻以致靴上沾满了泥污，有一名士兵专门方负责为雕像的靴子作清洁。如果这名士兵忘了清洁靴子，便会被圣像的佩剑敲头，以示警告。

圣若瑟修院大楼及圣堂由耶稣会会士兴建，1746年动工，历时两年完成。之后，由罗若望主教策划再行修茸，圣堂的正面采用假云石祭台。圣堂内设有古旧且具相当艺术性的告解亭。

■ 澳门圣母雪地殿教堂

■澳门圣若瑟修院

圣堂右边的高塔上有大小铜钟各一个，已有近200年的历史，由意大利著名的铸造家建造。教堂正中建有半球形拱顶，气势宏伟，内部结构仿造罗马圣伯多禄大殿的风格而建。

1687年，天主教的明我会教士初到澳门，在深入传教之前，建立了玫瑰圣母堂，又称板樟堂或多明我堂，是典型的巴洛克风格建筑。

玫瑰圣母堂供奉的花地玛圣母，是葡萄牙人很崇拜的神。堂内存有许多颇富奇趣的油画及雕像，尤以耶稣基督像最为著名，从中可窥见古西班牙宗教艺术的特色和风格。

圣堂大门雕工精细，天花板布满图案装饰，圣堂内部色彩缤纷，形状不一的彩色玻璃组合成明快鲜艳的图案，祭坛上有圣母圣婴像，圣堂内则摆放花地玛圣母像。教堂内还收藏着大量精美的象牙和木质雕刻的宗教器物，展示着数百年来罗马天主教教堂在亚洲的发展历史。

在玫瑰圣母堂的前面为阿婆井前地，周围的建筑主要有葡萄牙民居式建筑和具有装饰艺术风格的公寓式住宅。葡萄牙民居式建筑主要顺山势而建，建筑较为低矮，为白色的外墙，衬托绿色的百叶窗，加上红瓦坡屋顶，带有明显的南欧风韵。

东方基金会会址建于18世纪70年代，可能是澳门首幢别墅式花园的豪华住宅，住宅的布局开创了澳门花园式住宅的先河。

东方基金会的总部设在葡萄牙里斯本，是主要面向亚洲地区，是以推动葡萄牙历史、文化研究和促进与当地合作的机构。该基金会在澳门的办事处，主要参与东方葡萄牙学会和澳门葡文学校的管理事务，同时也支援旅居世界各地的葡萄牙人及社群，加强彼此之间的联系。由于最早的屋主好养鸽子，所以周围也被人们称为"白鸽巢"。

澳门民政总署大楼的位置原为一座中式亭楼建筑的议事亭，是明朝政府宣读政府命令和作为中葡官员会面的场所。

1784年，葡萄牙人购买了这块地皮，并兴建了具有葡萄牙风格的议事公局大楼，成为葡萄牙人在澳门的地方政治心脏，一切市政事宜以至葡萄牙的集会和庆典，都在这里举行。后曾多次重修，具有明显的南欧建筑艺术特色。

民政总署大楼地下右侧是展览厅，会定期举办各项艺术展览。大楼二楼设有公共图书馆，以葡国玛弗拉修道院的图书馆为设计蓝本，装潢和家具陈设具有浓厚的古典气息。

馆中收藏有17世纪至20世纪50年代的外文古籍，特别是葡萄

■澳门玫瑰圣母堂内的圣母圣婴像

牙在非洲及远东的历史文献，是十分难得的珍品。

　　议事亭前地坐落在民政总署总部对面，整个广场由碎石子铺成波浪状，周围有长椅。前面广场的中央矗立着一座喷泉，是议事亭前地的标志。每逢节日或举办大型活动，如农历新年、艺术节等，政府都会在这里举办大型表演供人们观赏。

　　岗顶剧院原称伯多禄五世剧院，建于1860年，但只有主体部分，至1873年才加建具有新古典主义建筑特色的正立面。岗顶剧院是我国第一所西式剧院，供戏剧及音乐会的演出使用，是当年葡萄牙人举行重要活动的场所。

　　岗顶剧院位于岗顶前地，建筑设计为新古典希腊复兴风格，平面做纵向布局，圆形的观众席前后布置了前厅及舞台，两侧是可供休息的长廊，长廊上设有楼梯直达二楼观众席，此观众席为月牙形，依靠楼下10根排列成弧线的柱子支撑着。

　　岗顶剧院正立面为罗马圆拱式门廊，门廊顶端以三角形山花收结，其下则是由四组爱奥尼柱式倚柱组成的3个券洞，山花及柱子上装饰较为简单，令立面看起来更为雄伟、高耸。

　　与正立面不同的是面向岗顶前地的侧立面，墙上连续开满9个罗马圆拱式落地大窗，在进一步加强屋面水平感的同时也表现出一种浑厚的气度。

建筑整体以绿色为主，衬托墨绿色的门窗和红色的屋顶，并配以黄色为主调的周围环境，既和谐共处，又凸显个性。

港务局大楼创建于1874年，当初作为在澳门当警察的营地。1905年改为澳门港务局和水警稽查队的办公地点，俗称水师厂。

由于港务局大楼位于妈阁内港入口附近的山坡地，所以特别在楼顶设置有台风信号站，好让渔民、船只与居民得知风球信号。

港务局大楼是一座受阿拉伯色彩及哥特建筑特色影响的砖石建筑。建筑物长68米，宽37米，建在一个由花岗石围筑成的平台上，除了中央局部为两层，高近7米之外，其他地方都为一层式设计。

除了靠近妈祖阁的一侧外，其余三周均有宽达4米并带有尖券拱的回廊回绕，在回廊相交处，楼顶的高度也稍微提高，打破了建筑物的强烈水平感，而在其相互垂直的外墙上，则分别为4根圆柱支撑的伊斯兰尖拱。

■澳门圣若瑟修院

在回廊的其他墙身上，均有满宽1.5米的伊斯兰尖拱窗洞，特别是较长的回廊上，一共连续开有19个具有阿拉伯色彩的尖券拱。各尖拱间以三叶饰点缀，加上女儿墙上有节奏雉堞式排列的方尖形装饰，形成一种强烈的韵律感。

建筑整体粉刷成黄色，并以白色花纹衬托，它与粗糙的花岗石围墙在色彩及质感上均形成强烈的对比。

圣弥额尔小堂位于环境幽静的西洋坟场内，这幢小教堂建于1875年，教堂内部漆成绿色和白色，教堂的窗户上均装有滤色玻璃。

郑家大屋是我国近代思想家郑观应的故居，属岭南风格民宅。郑家大屋位于澳门龙头左巷，建筑融合了中西特色。

郑家大屋约建于1881年，由郑观应和父亲一起建成，面积近4000平方米，是一处具有岭南派院落式的大宅。建筑沿妈阁街方向纵深达120多米，主要由两座并列的四合院建筑以及由内院连接的仆人房区建筑及大门建筑等组成。

郑家大屋的整体建筑以青砖为主要建筑材料，屋顶平面为连续不断的中式坡屋顶，建筑高度因房区的性质不同而有所分别，仆人房区为一层的硬山式建筑，主房区建筑多为两层高，其中也有达三层者。

建筑主入口是一个两层高的宅门建筑，长13米，深近8米，与主建筑群分离，宅门入口墙身自檐口往内退缩，与外墙身不处在同一条直线。而为表示其重要性，门框更以花岗石为材料，其中最重要的建筑入口为两重花岗石门框设计。

上层开有窗户，下层为入口大门，檐壁上有中式绘画，为典型的传统中式风格。

门廊内墙身上设有神龛，而天花板则是西式石膏图案装饰。与我国传统民居不同的是，主建筑群各房区的大门入口与大宅入口并不在同一方向，它们都面向西北，而且都在同一条直线。

前面有既宽又长的晒场，晒场中段有另一房门将主次建筑分开，前段为仆人的房区和外花园，后面为

硬山式 常见古建筑屋顶的构造方式之一。屋面仅有前后两坡，左右两侧山墙与屋面相交，并将檩木梁全部封砌在山墙内，左右两端不挑出山墙之外的建筑叫硬山建筑。硬山建筑是古建筑中最普通的形式，无论住宅还是园林、寺庙中都有大量的这类建筑。

■ 澳门建筑

澳门圣母雪地殿教堂

主房区。

两个房区之间以大内院相连。主房区主要由两座四合院式建筑组成，建筑都做三进深三开间式，其间以水巷相连，建筑外墙檐壁均有泥塑浮雕装饰，而墙基则由花岗石砌筑而成。

嘉模圣母堂建于1885年，是氹仔岛上唯一的天主教堂，教堂面临大海，风景十分优美。教堂外建有公园，里面种有植物，并设有石亭、石凳等供人们休憩。

1888年前后，澳门大三巴附近暴发了严重的瘟疫，死人无数，而柿山附近却没有受到很大的影响，所以大三巴附近的居民便认为这是柿山有哪吒庙保护的缘故。

经过多番交涉后，庙祝将哪吒神像借给了当地居民，后来疫情得到控制，居民也从此建庙供奉哪吒。哪吒从17世纪后开始被澳门居民所供奉，是极具地方色彩的民间信仰。

哪吒庙为两进式建筑，中间没有天井，是传统中式庙宇所不常见的。整座庙宇由相连的门厅及正殿组成，正殿进深5米，四面墙体均以青砖筑建而成，少有装饰。正殿入口前是门厅，三周不砌墙，只以黑色木栅栏围绕。

没有金碧辉煌的震撼，却是朴素的沁人心脾。庙虽小，但香火鼎盛。来到这里的人们都会擎一炷香，诉说心中最朴素的愿望，或祈祷家庭和美，或祈祷父母安康，或祈祷子女事业有成。

每年农历五月十八，也就是哪吒生日的这天，人们都会举行一个盛大的哪吒出游活动。

这天，哪吒神像被请到一顶金色的銮轿中，沿澳门的主要街道而巡游，整个过程始终按照百年前的传统方式进行。在澳门，这是跟天主教的圣母巡游一样隆重的事情。

除了出游，人们还会举行祈福法会和神功戏等活动，前后持续一个星期。

哪吒庙与大三巴牌坊相毗邻，本身就是一种奇特的存在。一个是东方的，一个是西方的。一个是内敛的，一个是张扬的，只有在澳门才能看到这样的融洽。两种文化都在彰显着自己的特色，每一种文化又

哪吒 神话中的英雄人物，姓李，原是陈塘关总兵李靖的第三个儿子，是乾元山金光洞太乙真人弟子灵珠子转世，后辅佐姜子牙灭汤。道教中说他是神兵神将的统帅，称"中坛元帅""威灵显赫大将军"，玉帝命他永镇天门。

■嘉模圣母教堂

■ 澳门建筑

灰塑 俗称灰批，材料以石灰为主，主要依附在建筑墙壁上沿、屋脊上或其他建筑工艺上，是岭南传统建筑中的装饰工艺，以明清两代最为盛行，尤其是在祠堂、寺庙和豪门大宅用得最多。灰塑工艺精细，立体感强、色彩丰富；题材广泛，通俗易懂，多为人物、花鸟、虫鱼、山水及书法等。

都在影响着另一种文化。

卢家大屋又名"金玉堂"，是澳门卢九家族的大宅之一，约建成于1889年，是澳门极具价值的中式建筑物。

卢家大屋是晚清时期温婉纤细建筑风格的典型，内部融合了中西方装饰材料和手法，既有广东地区常见的砖雕、灰塑、横披、挂落和满洲窗，又有南欧特色的青花瓷砖和铸铁栏杆，两种特色装饰遥相呼应，饶有趣味。

何东图书馆是坐落在岗顶前地的公共图书馆，是一座集历史、文化、建筑艺术于一体的楼宇，于1894年建成，原为官也夫人所拥有，后被香港富绅何东爵士购入用作别墅。

何东爵士病逝之后，后人按爵士的遗嘱将故居及购书经费赠予澳门政府，建成了一所公共图书馆。之后，人们在何东图书馆主楼后花园的旁边新建了一座大楼，成为全澳门最大的公共图书馆。

何东图书馆前部有拱廊，是典型的花园式豪华住宅。该馆藏其中有刘承干嘉业堂的明朝嘉靖年间的中国文史典籍藏书16种、天主教文献、广东方言馆书稿和《翁方纲纂四库提要稿》等珍贵古籍。

圣方济各圣堂建于1938年，这座小教堂的建筑形式类似澳门一般教堂的巴洛克式建筑。教堂的外墙为白色，椭圆形窗户，教堂前有一座纪念碑，以纪念当地1910年战胜海盗一役。

圣方济各圣堂正门上方悬有一块石匾，匾长约0.9米，宽0.86米，上半部分刻有铭文：

> 本教堂系英诺森教皇在位时，于公元
> 1361年1月，为敬拜上帝、圣母、圣方济各

挂落 我国传统建筑中额枋下的一种构件，常用镂空的木格或雕花板做成，也可由细小的木条搭接而成，用作装饰或同时划分室内空间。挂落在建筑中常为装饰的重点，常做透雕或彩绘。在建筑外廊中，挂落与栏杆从外立面上看位于同一层面，并且纹样相近，有着上下呼应的装饰作用。

■ 澳门建筑

和诸圣徒，经菲利普会友和其他圣马力诺修士授命，由梅内托大师动工兴建。

下半部分则浮雕刻有一只头戴皇冠、展翅欲飞的雄鹰。圣堂内的主祭台上摆放着14世纪木刻耶稣头像和于1405年建成的精美古钟楼，在带有拱顶的回廊里，设有陈列室，珍藏着13世纪的文物和艺术品。

其中有13世纪的圣骨匣，14世纪和15世纪的仪杖十字架，15世纪初的壁画《圣诞像与圣塞巴斯弟盎》以及雕像《圣徒马力诺》和《帕多瓦的圣安东尼》，17世纪和18世纪的圣帘，圣马力诺人马里诺、马德罗尼主教的高帽和遗物及其墓碑等，都是世间的珍品。

就这样，经过半个多世纪的发展，澳门以天主圣名之城为中心区域，逐渐发展成为了一个极具特色的街区，里面既有妈阁庙、旧城墙遗址、大炮台、郑家大屋和哪吒庙等具有东方色彩的建筑，也有港务局大楼、圣老楞佐教堂、圣若瑟修院及圣堂、岗顶剧院、何东图书馆、圣奥斯定教堂、圣安多尼教堂等20多处中西合璧的特色建筑。同时还有亚婆井前地、岗顶前地、议事亭前地等多个广场空间，这些各

■夜晚的圣方济各圣堂

■ 澳门葡式建筑

式各样的建筑布局合理，建筑独特，中西相融，是人们认识和了解澳门的一个侧面。既可以看出欧式建筑文化的典籍，又可以看到东方中式建筑文化的影子。既保留了我国岭南建筑乃至江南建筑的风貌，也拥有了一批具有南欧风格的建筑群。

　　澳门街区不仅仅是一种建筑，更是一种艺术，一种文化，它们一起构成了澳门历史的主要载体，形成独特的城市风貌。

阅读链接

　　澳门的妈阁庙还是一座具有传奇色彩的庙宇。

　　据记载，妈阁庙曾经发生过一次重大的火灾。那天，庙内的"正觉禅林"深夜起火，火势瞬间吞没了整个大殿。附近的人们看到之后忙赶来救火，可是火势太大，没有多久整个殿宇就被烧塌了。

　　等到大火散去，人们惊奇地发现，供奉在正觉禅林中的妈祖神像，依然位于神龛的中央，仅是被烟火熏黑了。

　　人们还发现，那些塌下的横梁全部都掉在神像的前面，而神像却丝毫无损。

多元文化共存的结晶

　　澳门历史街区保存了澳门中西文化交流的历史精髓，是我国年代最远、保存最完整和最集中，并以西式建筑为主、中西式建筑互相辉映的历史街区，同时也是西方宗教文化在我国和远东地区传播历史的重要见证，是上百年来中西文化交流互补、多元共存的结晶。

　　澳门自16世纪中叶开埠之后迅速崛起，成为中西文化交流的窗口

■澳门建筑

与交汇之地，澳门凭借在中西文化交流中的有利地位，在积极主动地引进西方文化和输出我国文化的同时，致力于中西文化的融合与贯通，形成了独具特色的区域文化现象。

在宗教方面，澳门逐渐兼容接纳了不同的宗教信仰，在澳门文化中也包括了中西不同的宗教。作为西方天主教文化在我国的最初传播之地，中西文化首先在宗教领域展开，一直都共生共存。

在清朝雍正皇帝禁教之前，澳门不仅有西式的教堂，比如圣母小堂、玛尔定堂、三巴寺等，也有随处可见的中国式寺庙，影响较大的有妈阁、莲峰庙、普济禅院、观音堂等。这些教堂与寺庙在澳门的土地上互相融合，井水不犯河水，和谐地共存着。

在文化方面，出现了西方传教士中化和澳门中国天主教徒西化的现象。如被人们称为"西方汉学鼻

雍正（1678年—1735年），是清世宗爱新觉罗·胤禛的年号。胤禛是清朝的第五位皇帝，康熙的第四个儿子。在位时期，设立军机处，加强中央集权，平定了罗卜藏丹津叛乱，实行"改土归流""火耗归公"与"打击贪腐"等一系列铁腕改革政策，促使社会出现了康乾盛世的局面。

古街韵味

古色古香的千年古街

唐装 是我国的
一种服饰，字面
意思是唐人的服
装，即华人的服
装。现多指类
似满族马褂而吸
收西式裁剪的服
装。真正的"唐
装"是以汉服为
主，特征是交
领、右衽、系
带、无扣。现今
常称为"唐装"
的服装是从清朝
时期的满族服饰
马褂发展而来的。

■ 澳门的街道

祖"的利玛窦到达澳门之后，开始学习汉文，讲汉
语，着汉装。入天主教的我国教徒则取葡萄牙名字，
穿西服，做礼拜。

在语言方面，早在第一次鸦片战争之前，就有了
相互融合的趋势。在澳门，汉语、葡萄牙语、粤语、
英语等各国语言都可以使用，并且出现了葡粤两种语
言相互融合的现象。

中西语言文字的交流，也伴随着外国人编写的汉
语学习用书，如《华英字典》《广东省土话字汇》《汉
语百科词典》《简易汉语教程》《广东方言文选》等
的不断出版而加快了步伐，可见当时中葡语言交流的
普遍。

在风俗习惯方面，中西风俗在澳门相互影响，相
互融合。据《澳门纪略》记载：入教的澳门人"渐染
已深，语言习性，渐化为夷"。不少中国人接受了西

方的风俗和习惯，还有不少传教士也按照我国的风俗习惯生活。

如在《澳门纪略》的《三巴寺僧图》中，就画着一位西洋教士头戴四方平定巾，身穿大袖衫，腰系织带，足履双脸鞋，一副明代儒士的装扮。

而在耶稣会在澳门设立的教堂三巴寺中，寺内的僧众从明朝至清朝，一直都保持着利玛窦着儒服儒冠、讲汉话、习汉文的传统。

在婚姻方面，澳门不少家庭在婚姻仪式中都采用了中西并用的方式。结婚时，新郎和新娘先穿唐装旗袍，拜天地祖先，敬父母长辈，然后再穿着西装和婚纱，到教堂行礼，接受神父的新婚祝福。

这表明，中西文化兼容已经融入了人们的行为模式中。此外，澳门中西居民互通婚姻的情形也非常普遍。

据《澳门纪略》记载，自明代以来，在澳门的葡萄牙人"得一唐人为婿，皆相贺"这种中西血统的混合，既是中西经济文化交流发展的结果，也是中西文化深层交融的表现，这在素有"中西文化大熔炉"之称的香港也是罕见的。

在乐器、绘画方面，来自西方的音乐和绘画都是通过宗教仪式而传入我国的，主要有

■澳门的老街

四方平定巾 也称四方巾、方巾、四角方巾，是我国明初颁行的一种方形软帽，是官员、儒士所佩戴的一种便帽，多以黑色纱罗制成，可以折叠，呈倒梯形造型，展开时四角皆方。四方平定巾初兴时，高矮大小适中，其后总在变化，到明末则变得十分高大，故民间常用"头顶一个书橱"来形容。

多元共存

澳门古城区

风琴、铜弦琴和西洋军乐。

清康熙年间，有很多关于西洋风琴的记载，还出现了采用我国文学传统的描写方法来描述西洋风琴效果的《西洋风琴诗》。清朝副将郎亦傅巡边到澳门之后，欣赏了西方教士的演奏之后，竟然仿制了一架在音色方面超过原器的风琴，并打算进献给朝廷。

同时，澳门也出现了诸如亚历山大、马生、韦伯、柏黎、孔夫顿、义律、钱纳利、波塞尔等

■ 澳门街景

著名的西方画家。这些画家用西方的绘画技法描绘澳门的风物，然后出口到西方，为中西文化的交流写下了珍贵的篇章。

西方文化自16世纪中叶开始，在澳门与我国文化相接触，经过数世纪高密度的社会空间互动后，共生共存，最终达到了"你中有我，我中有你，水乳交融"的地步。

在澳门，居家过日子，门前一定要立个土地神牌位，每日敬供，香火不断。开张举行庆典之前，要舞龙耍狮，摆放供台，点香乞祖保佑。新船下海，要燃放鞭炮，求助平安。传统节日，更是祭庆有加。各种传统节日在澳门被过得如火如荼。

始建于明成化年间和明崇祯时期的妈阁和普济禅

巡边 清政府为加强边境地区的管辖，实行对东北和西北边境进行定期巡察的制度。每年五六月间和八九月间，由各边境地区的长官派官兵按规定的时间和路线分成几路巡察边界，会哨于指定的地点，并各书衔名、月、日于木牌，埋在山上，待明年呈副都统查验。

院，就是我国传统文化在澳门立足、扎根的标志性成果，具有闽、浙、粤多元化色彩的共融文化特质，是澳门本土文化的基础。

中西风俗在澳门相互影响、融合，人们既可以过圣诞节、复活节等西方节日，也可以过春节、中秋节、端午节等我国传统节日。无论是我国还是西方的节日，在澳门都必定要举行相关的庆祝活动。

尤其是春节，所有的准备活动在节前的好多天就已经连续展开，从大年除夕晚开始至次年初一的凌晨时分，澳门居民会大批涌向妈阁，进行还愿或为来年祈求昌盛平安的事宜。人们还在指定的范围之内鸣放爆竹和烟花庆祝，到处洋溢着欢乐祥和的气氛。

每年农历端午节时，在新口岸海面、水塘角海面和西湾对开海面都有龙舟竞渡。此外，每逢与西方宗教、传统习俗有关的节日，如"圣体耶稣大出

土地神 也称土地公公，本名张福德。在我国民间，土地公被视为财神与福神，因为"有土斯有财"，所以土地公也被奉为守护神，据说他还能使五谷丰收，因此，很多人就把土地公迎进家里祭拜。一般在农历每月初一和十五祭拜。

■ 澳门的建筑

游""圣母花地玛出游""娘妈诞""醉龙醒狮大会"等，也举行庆祝活动。或者是露天搭台表演戏曲、粤剧，或者是在教堂内举行宗教弥撒及圣像出游，形式多种多样，充溢着异常鲜明的区域文化特征。

在葡萄牙人定居澳门的400多年间，澳门不但自始至终都是一个以华人和华语为主的社会，而且在1887年12月清朝政府与葡萄牙签订《和好通商条约》之前，澳门一直都在中央帝制的管辖之下，按例向国家缴税纳赋。

正是这个原因，西方文化虽然传入澳门，却始终没有登堂入室占据统治地位，它的存在仅仅体现在建筑风格、饮食癖好和习俗相貌等表层的文化上。而真正支配澳门人思维、观念的中庸尚和、忠孝礼义等的文化积淀，依然来自源远流长的中华文化，是支撑澳门文化的基石与主流。

澳门是东西方文明最早在东亚地区交融的场所，作为海上丝绸之路的必经之地，各种不同的文化和价值在这片土地上共存。

阅读链接

澳门还有一个叫作"马交"的别名，是葡萄牙语的译音。澳门人们信奉妈祖，随处都可以见到妈祖庙，也有人将妈祖庙称为妈阁，经常祭祀进行祈福。

相传在400多年前，葡萄牙人第一次来到澳门，从庙前的埠头登岸之后，由于语言不通，以为人们口中所说的"妈阁"就是这个地方的名字。葡萄牙人把妈阁读成"马交"，于是，欧洲人都把澳门称为马交了。

其实，澳门中"澳"的意思是海湾，而澳门有两座大山，即南台和北台，由于两山对峙，仿佛是海湾的门户，所以才把此地称为澳门。

平遥南大街

　　平遥南大街创建于1856年，又称明清街，是山西平遥古城对称式格局的中轴线，以古市楼贯穿南北。南大街是明清时期平遥古城最繁华的贸易中心，也是平遥古城历史文化遗产的精华所在。

　　南大街保留了我国传统的格局和独特的历史风貌，两侧存有大量独具明清风格的"前店后寝"式传统老字号和古民居建筑。南大街在当时控制着清朝百分之五十多的金融机构，被誉为中国的"华尔街"。

造就古城制高点的市楼

平遥古城墙

我国上古帝王舜在位时期，古陶地隶属并州。大禹治水后划分在冀州范围之内，之后几度变更。西周时古陶地为并州属地，春秋时期属于晋国，战国时又属于赵国。秦始皇统一我国后，废封国制而实行郡县制，设古陶地平陶为县，属太原郡管辖。

北魏太武帝拓跋焘时期，因避自己名讳，就将平陶县改为平遥县。此后，平遥城作为县治的所在地，经唐、五代、北宋、金、元、明、清历代，一直沿袭从未变更。

在明朝中叶，平遥商业开始繁荣昌盛起来，初步形成了商业街的规模，沿街店铺鳞次栉比，密密麻麻。

店铺多为前店后寝式的四合院或多进院建筑，铺面多采用双坡硬山顶式，青砖青瓦，木结构板门上装饰有油饰彩画，高高悬挂着店铺的老字号牌匾、宫灯和商幌等，装修豪阔，雕饰精美，布局严谨，尊卑有序。

■ 平遥南大街上的金井楼

1688年，康熙皇帝对位于这条商业街中心的市楼进行了整饬，重修之后的市楼高楼耸立，雄踞全城。因市楼东南脚下有水井一眼，世传"井内水色如金"，所以市楼也被称为金井楼。

市楼早先起着管理整个市场的作用，是平遥的中心和制高点。

市楼是一个三重檐木构架楼阁，高18.5米，木构为清式常例。底层面阔进深各3间，占地约133平方米。平面呈方形，南北向为通道，东西筑砖石台基，连接民宅。

名讳 出现在我国古代的一种独特的语言现象。遇到君主或尊长者时，不但不能直呼其名，而且在书写的时候也不能使用这些字，于是只能用改字、改音或减少字的笔画等方法予以回避，也称避名讳。

神龛 是放置道教神仙的塑像和祖宗灵牌的小阁。神龛大小规格不一，依祠庙厅堂宽狭和神的多少而定。大的神龛有底座。祖宗龛无垂帘，有龛门。神佛龛座位不分台阶，依神佛主次，作前中后，左中右设位；祖宗龛分台阶依辈序自上而下设位。

东西两侧各有一道券门，平板枋连接，上施斗拱，平座斗拱为五踩重翘，平身科两攒，角科有附角斗，厢拱做成鸳鸯交首拱。

市楼二层是一个平座筑廊，前后隔扇门装修，内施楼板，设神龛，南面供奉关圣大帝，北面祭祀观音大士，另有奎星为赔祀。两侧墙壁上有大量的彩绘，讲述的是和关羽相关的故事。

市楼屋顶装天花板，上层檐下斗拱七踩，平身科三攒，皆出翘。

楼顶用黄绿彩色琉璃瓦铺盖，花纹南呈"囍"字，北呈"寿"字，背梁两端和正中用铁制构件代替琉璃瓦尾和宝瓶，异常精美。

市楼为市井装点性建筑物，楼下存放有清朝石碑11通，楼上存铁钟一座。

■ 夜晚的金井楼

市楼高耸在古城中央，与城东清虚观、大成殿等高大建筑遥相呼应，对应于城中大片平缓的灰色民居屋顶，一同构成了古城起伏变化的优美轮廓。

从东南两侧跨砖拾级而上，中层沿平座走廊环绕成一圈，可以凭栏远眺全城的景色，人流车行和店面屋瓦尽收眼底，让人不觉胸襟开阔，诗兴大发，正如清代诗人赵谦德所说：

■ 金井楼上的匾额

揽山秀于东南，挹清流于西北，仰视烟云变幻，俯临城中之繁华。

阅读链接

市楼的南面东侧有一口井，传说这是市楼的气眼，每逢雨过天晴，日光投映，水色如金，故称"金井市楼"。

传说，孝义城内有座中央楼，楼底下有个金轿车，一个南方人看到之后就起了歹心，听说想取走金车必先到平遥市楼下拉来金马驹才行。

于是，南方人来到平遥古城买通店主，相约南方人下井，以锣声为信号，锣声一响，店主就拉绳将南方人吊上来。可是南方人刚下井锣就响了，店主使劲往上拉绳子，突然他看到了一双龙头，气势很汹，当即就晕了过去。金马驹吃了贪婪的南方人的故事，一直流传。平遥古城市楼下金井的金马驹没有被盗走，保护着这一方百姓的风水旺盛，所以明清街一直都车水马龙，生意兴隆。

店铺范例的协同庆钱庄

　　1856年的咸丰年间，建设了平遥南大街，南大街全长690米，既是平遥县的中心，也是平遥县当时最为繁华的商贸中心。

　　在当时，平遥县已经发展成为了一个由南大街、北大街、东大街、西大街、城隍庙街等组成的商业集中地，一直都有"四大街、八

■平遥古城建筑

■ 平遥南大街上的商铺旧址

小街、七十二条蚰蜒巷"的说法，而南大街就是其中的四大街之一。

至清朝商业鼎盛的时期，南大街上的店铺种类几乎包含了各个行业，其中有钱行、当铺、粮行、木器行、货栈旅店、麻布行、颜料行、烟业、鞋帽业等，一时间，南大街风靡朝野内外。

后来，平遥以南大街为中轴线，遵循"左文庙、右武庙、左城隍、右县衙"的格局进行发展建设，所以也可以说南大街是平遥全城的脊梁。

随着西方文化不断进入我国，南大街的部分店铺也随之改为了洋式门面，但大多店铺还保留了原有的传统建筑结构。

历史上有名的协同庆钱庄、黄酒老字号"长升源"等店铺的旧址仍然安静地矗立在街道的两侧。这些店铺的东家是商战中的强手，他们因创立非凡业绩

当铺 旧称质库、解库、典铺，也称质押，是按借款人提供抵押品的价值打折扣，然后贷放现款，定期收回本金和利息的一种方式。当户大多是贫苦百姓，当价一般不超过原价的一半，赎当时需付利息。期满不赎，便由当铺变卖。

晋商 我国明清两朝间的山西商人，晋商经营盐业，票号等商业，尤其是以票号最为出名。晋商也为我国留下了丰富的建筑遗产，如著名的乔家大院、常家庄园、曹家三多堂等。明清晋商人利润的封建化，主要表现在捐输助饷、购置土地、高利贷资本等方面。

■平遥协同庆票号

而声名显赫，世代传颂着他们作为晋商的颂歌。

位于平遥南大街路西的协同庆钱庄于1856年创立，是由榆次王姓和平遥米姓共同投资开设的大钱庄。最初设资本3万6000两白银，每股3000两，计12股。中期资本为12万两，后增至24万两，同时有公积金40万余两。

协同庆钱庄占地面积约3000平方米，分号33处，遍布我国各个地区和商埠码头。协同庆钱庄具有鲜明的经营特色，一直都秉持着三个原则：一是以人为本，知人善任；二是注重资金灵活调度；三是突出重点地域经营。

协同庆钱庄是平遥规模最大的钱庄院落，其建筑也是平遥众多店铺院落中的杰出范例，前后共有自成格局但又相互联系的七进院落组成。建筑之宏伟、规模之庞大、功能之齐全，在当时的平遥商铺院落中实属典范。

钱庄的第一进院落，南北各分布着两间账房。账房是钱庄核算管理的重地，主要完成全号财务的核算任务，承担全年的账期以及4年的大账期，最后决算分红。

具体来说，就是钱庄

■ 平遥协同庆票号

将铜钱、碎银、杂银、整银收入成本，然后兑换各类货币的差价收入，进行存款、放款、存款利息支出、放款利息收入以及钱帖额等的职能。

二进院落是营业厅大院，营业房内的人员主要以跑街营业为主。也有客户人员上门洽谈业务的，主要是负责吸收街面商号及大户人家的存款，考察放款对象真实具备的经济业务，为钱庄放款决策提供依据。

营业房内的人员对是否放款、放长期款还是短期款、放款数量多少有重要的评价权利。例如，对放款收取何种利息，一般都是由营业房的人员提出的。

旧时钱庄的利息可以分为4种，第一种是满加利；第二种是短期息；第三种是对月利；第四种是长年利。

如果按照营业人员的意见，在客户同意的情况下采取满加利的计息方法，一年分为4个标期，按标公开利率，依春标开夏标，夏标开秋标，秋标开冬标，

钱庄 我国明代中叶以后出现的一种信用机构，是银行的雏形。钱庄起源于银钱兑换，后逐渐发展为办理存放款项和汇兑的机构。不同区域的名称不同，也根据规模的不同有其他称谓，如银号、钱店等。

李宏龄 （1847年—1918年），字子寿，著名的晋商。平遥是山西票号三大都之一的根据地，其地"当四达辐辏之冲，晋商汇号聚施于斯"。李宏龄先以从商发家，后在同治年间学习钱庄经营，并积极对票号进行改革，代表了当时商人中的进步思潮。

冬标则开次年的春标，依次循环，定下归款期内的满加利率。

这种利率实际上已经具备了市场化的利率水平，是晋商为了适应市场经济而形成的一种公平利率。

穿过二进院可以直接到达钱庄的第三进院，至第三进院为止，就可目睹平遥当地民居所习惯的"三进两院过道厅"式建筑。

三院作为上房的位置，按我国的传统来说，应该为长辈或主人居住或者是办公的地方，这里也正是钱庄掌柜、襄理办理事务的场所。

平遥乃至全国的各大商号，从来都没有像协同庆高层人物一样的情况，7位掌柜分为两代人，却始终保持着高度的团结和睦，他们互补互助，后人不少都结为了连理。

协同庆钱庄之所以出现这样的状况，是因为从该号创始起，掌柜们就注重创建和形成钱庄独特的文化

■ 协同庆钱庄汇通天下匾额

氛围，并且一代代传承下来。

　　一位掌柜叫孟鸿仁，原本是蔚泰厚大票号的伙友，另一位掌柜叫陈平远，年长于他，他们在所招聘的伙友中，量才而用，知人善任，使伙友发挥了最大潜能，并最大限度地将伙友凝结了起来。

　　平遥著名的票号改革家李宏龄曾高度评价协同庆钱庄成功的事例，他说："得人独胜者，唯厥协同庆一业。"协同庆钱庄独特的用人之术，对后世具有重要的指导意义。

　　从侧门进去，就可以穿到协同庆钱庄第四院落。这里亭台楼阁，过桥驾建，别具风采，如同花园一般，这在商铺院落是绝无仅有的，是协同庆钱庄在外人员回籍时暂时居住的地方。议事大厅古朴典雅，墙上摘要介绍全号的战略和宗旨要则等。

　　四进院穿过去就是第五进院，是钱庄的金库院落。协同庆钱庄的鼎盛时期，银钱日进斗金，，白银和制钱的流量极大。因此，金库在建立的时候费了一番脑筋。因为要考虑到金库的安全、隐蔽、运输等因素，所以选择地下作为钱庄的金库。

协同庆钱庄金库

金库通往前柜有弯弯曲曲的窑道，通往后街有两处大门，金库还设有专人进行看管，铁丝网罩顶，大有"一夫当关，万夫莫开"的意味。

出金库院，就到了六进院护卫院落。钱庄的规模如此之大，安全保卫的工作自然是重中之重。

要是遇上社会动荡、信用危机严重之时，钱庄就不得不雇用一些武艺高强的人来看庄护院了，甚至有时可以一直延续几十年。所以，六进院基本成了护卫们晨暮练习腿脚的重要场地。

穿过六院护卫院，就是达观院落，这是协同庆钱庄的第七个院落，在这个院里有人专门为普及钱币知识而设立展览馆。历代钱币就如同一个历史镜面，不仅能够给人以启迪，而且还能给人以教益。

阅读链接

有一个平遥城隍神的传说：平遥城隍神年轻气盛，可以说是无所不知，无所不能。

一次，平遥城隍神与介休城隍神在一块儿下棋，平遥城隍神戏言说，我若赢你，你那位贤惠夫人就得归我所有。

介休城隍神从心里不服，就一口答应下来。最后，平遥城隍神为胜，这样，戏言一语成真，平遥城隍神没有办法，只好将介休城隍神的夫人带回，并为她营造了一个诗情画意的小环境，金屋藏娇。

在城隍庙赶庙会期间，介休城隍庙还会派人到平遥城隍庙举行一年一度的梳头仪式，这种习俗一直延续，更让人们确信了城隍神的存在。

大财主家的家具展览馆

在南大街的路西是百川通票号，票号坐西向东，南北侧与铺面相连，是南大街中最高的一个店面。百川通票号于1860年创建。

票号的东家是祁县渠家大院的主人渠源祯，渠家由家族第十四代

■山西平遥百川通票号

继承人渠同海在包头、内蒙古一代经营粮油、茶叶、私盐而发家，后来发展到绸缎庄、钱庄、茶叶庄，在近一个世纪的经营中积累了丰富的商业资本，被后人称为"晋商八大富豪之一"。

票号创立之后，为了纪念渠源祯的功劳，就用他的字"百川"来命名，于是取名为"百川通"票号，其寓意是"百川通大海，财源滚滚来，水到渠成，川流不息"。

当时的百川通设分号23处，分号遍及省内外，资本近116万两白银。票号与官员、富商连环结保，汇兑银两也以官银为主，分红利润可观，可谓我国票号业中的后起之秀。

然而，就在票号如日中天之时，渠源祯认为物极必反，盛极必衰，预感自己的票号很有可能会走向衰落，于是，在1902年账期分红之后，他断然将票号中所有股银全部抽走了。后来，票号出现了资金周转不灵的严重状况，百川通票号走向衰落。

百川通票号占地面积约有1300平方米，整体布局严谨、对称、封闭。

票号的装修十分考究，用料较大，不仅内容丰富，而且具有很高的艺术价值。配置有匾书"百福"和"百寿"，窗棂有写有"桃榴""蝙蝠"和"寿"字的"灯笼景"，具有很明显的晚清风格。

大烟房是票号中专门为招待抽大烟的客户而建立的，里面烟榻的床脚看起来非常特别，就好像是老虎的爪子一样。

在古代，只有四品以上的官员才能够享受这种虎腿家具；另外也可以看出，只有能给票号带来丰厚利润的大客户或者身居要职的官员才可以受到如此高的待遇。

在古典家具的制作中，黄花梨木、紫檀木、红木

黄花梨 又称海南黄檀木、海南黄花梨木。是明清硬木家具的主要用材，以心材呈黄褐色为好。其纹理或隐或现，色泽不静不喧，被视作上乘佳品，备受明清匠人宠爱，尤其是文人、仕大夫之族对黄花梨家具赞不绝口，可称为世界家具艺术中的珍品。

133

中国华尔街

平遥南大街

■平遥古城建筑

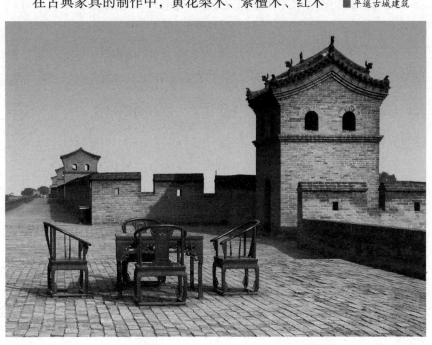

等都是十分珍贵的木材，这些木种比较奇缺，而且生长缓慢，数量非常有限。

至明清后期，紫檀、黄花梨已基本上绝种了，成为了一种不可代替的天然价值。

在百川通票号的账房内，靠墙的高脚条几乎都是铁力木所制，铁力木木质坚硬，成材之后树干高大，所制作出的一般都是大件的家具，账桌为黄花梨木所制，为明代做工，不仅看起来简洁大方，而且还可以突出木质本身的纹理之美。

在木器古董中有一个行业术语叫"皮壳"，指的是家具外面的包浆，这种浆通常是一层玻璃质，非常柔和，并且颜色具有一种苍老感，而账房内的账桌历经使用，光泽鲜亮，实属罕见。

银窖是票号中的藏银重地，虽然陈设质地一般，造型简单，但是其中的每一件都是经过精心设计的。

银窖里的银箱是票号中存放流动资金的地方，整个设计主要体现一个"巧"字，别看表面面积并不大，但是在侧面却设有小抽屉，打开银箱的盖之后，就可以看到一个很大的空间。

这种层层设格的方法，不仅体现了银箱的实用性，还突出了它的保险性。

在我国家具史上，不同地区根据自己不同的背景和生活方式，形成了独树一帜的风格，出现了苏式家具、广式家具和京式家具等。

清朝后期，山西商人的富足和深宅大院的修建，促进了晋派家具的出现。晋派家具多以核桃木为原料，虽然没有紫檀木、红木那样名贵，但它是山西特有的木种，具有地方的特色，银窖内的罗汉床就是一个典型。

罗汉床集床与箱为一体，上部为床，下部为床箱，床箱用来藏银，设有暗锁，上面铺上床垫以掩人耳目，可以说是万无一失。里间还有一个地柜，将上

包浆 古玩行业中的专业术语，是以物品为载体的一种岁月留痕。文物表面由于长时间氧化就会形成氧化层，后由于灰尘、汗水、把玩者的手渍、土埋水浸、经久的摩挲、空气中射线的穿透等层层积淀，逐渐形成的表面皮壳。它幽光沉静，显露出一种温存的旧气。

■ 平遥南大街票号院落布局

面的抽屉抽掉后，下面的木板也可拆开，可以存放很多银两。

中厅和贵宾厅是票号中接待客户、洽谈商务事宜的地方。为了体现出自己的身份与地位，财东不惜代价来营造厅堂的气氛，除建筑本身之外，家具就是主要的装饰和摆放手段。

厅内的红木穿衣镜和两边的博古架均取材于紫檀木，为京式家具风格，这种家具在文饰题材上多采用博古纹。博古架上有牡丹、荷花和瓶子，寓意着富贵和平，而牡丹、蝴蝶则有捷报富贵之意。

在各类家具中，椅子是变化最多的，正中为两把太师椅，为明朝所制，椅背和扶手都比较高，而且椅背根据人体的脊椎骨曲线设计，坐上去会感觉非常舒服。

太师椅起源于宋朝，是我国历史上唯一以官衔命名的椅子。宋朝时期的京官为了送给太师椅子坐，就特意在交椅背上加了一个荷叶托着，因此叫作"太师椅"。顾名思义，就是官居太师的人才有资格坐，清中期之后才走进寻常百姓家。

贵宾厅内有张床，叫"天地长春镂花罩，夔龙足架子床"，床脸镂空雕有连枝葡萄，有天地长春之意。牡丹代表富贵，床面下部设有抽屉，可存放衣物，床侧围板上透雕有如意和连枝兰花，有富贵如意和生生不息的意思。

并且这张床集浮雕、透雕、镂空雕、刻线等各种雕刻手法于一体，是家具中的经典之作。

佛堂里面供奉的是观音菩萨。商人讲究出门先拜佛，观音菩萨则是老百姓心中可以广度万民、普救众生的神祇。

据传，佛堂内的这尊菩萨已经供奉了上百年，深得渠家信奉。观音塑像保留着佛教中最初的塑造风格，为男儿身，女儿相，衣着打扮皆为印度风格。所

博古架 一种在室内陈列古玩珍宝的多层木架，博古架中分有不同样式的多层小格，格内陈设各种古玩、器皿，故又名为"什锦槅子""集锦槅子"或"多宝槅子"。每层形状不规则，前后均敞开，无板壁封挡，便于从各个位置观赏架上放置的器物。

■ 平遥南大街票号院落里的正房

诰封 就是诰命封赏。在明清之际，对文武官员及其先代妻室赠予爵位名号时，皇帝命令有诰命与敕命之分，五品以上授诰命，称诰封；六品以下授敕命，称敕封。诰命与敕命形如画卷，轴端一品用玉，二品用犀，三品与四品用裹金，五品以下用角。

谓"看破世事难睁眼，阅尽人间暗点头"，这既是菩萨修行的真实写照，也是在告诫人们勿做坏事，多多行善。

家眷会客室是票号中为接待前来探亲的伙计家眷而用的，室内的家具不比中厅、贵宾厅豪华，陈设也按照寻常百姓家的格局布置，两边有核桃木制成的平面大衣柜是清后期的作品，保留有完整的铜饰件。

会客室内悬挂着12幅条屏，是1870年同治皇帝赐于河南布政使午山方伯及其许夫人60岁寿诞的寿屏，内容主要是表彰午山方伯夫妻二人一生的丰功伟绩以及祝寿之意。

票号内悬挂有光绪皇帝特赐的"诰封二代"匾额，因为财东渠源祯的儿子渠本翘曾经官居三品，所以这里使用的是"诰封"。可以说，渠本翘是我国历

■ 平遥南大街票号院落局部

■票号内的古董家具

史上一位集官、商、绅于一体的社会活动家。

渠本翘爱国保矿，积极投资近代商业，并兴办新学校。后来，渠本翘集多方资金从英国强行赎回山西保晋矿务公司的经营开采权，改组奴福火柴公司，捐银2万两创办了祁县女子中学等。

他所做的这些，都是靠父亲渠源祯为他奠定的经济基础才得以实现，这块匾就是赐给渠家两代人的，以表彰他们父子二人在商业和金融业中作出的杰出贡献。

在各种卧室家具中，闺房中的家具是价值较高的。梳妆台产于清代中后期，采用的是包镶工艺，里层为杂木，外层用黄花梨贴面，这样不仅可以节省很多的珍贵木材，而且还影响不到家具的美观。梳状台上可以看到有白色的花状物雕饰，为象牙制品，象牙除了象征富贵和权力之外，还可以用来辟邪保平安。

闺房外间有两把椅子，椅面比较低，只有靠背，没有扶手，即小姐椅，像小姐坐这两把椅子的时候只可以坐到椅面的1／3，不可以坐

顶戴 清朝时期用于区别官员品级的帽饰，以红宝石为最高，依次为珊瑚、蓝宝石、青宝石、水晶、砗磲、素金、镂花阴文金顶和镂花阳文金顶。革职或降职就是革除或摘去官员所戴的顶子。顶子分三层，上为金属顶，中为球型，下为金属底座，用所饰的珠宝数目及颜色区别。

后半部分，坐上去必须双膝并拢，将手搭在上面，正所谓"站有站姿，坐有坐规"。

在闺房的墙壁上还挂有一幅清代的油彩画《母子平安图》。在我国古代社会中，闺中的女子本身是没有什么地位的，只有出嫁之后生了儿子才可以提高自己地位，所以也叫《母凭子贵图》。

闺房内的琴案，因木材上的花纹非常像鸡翅膀上羽毛的花纹，所以被人们称为鸡翅木，是一种奇缺的木材。

唐代王维曾说："红豆生南国，春来发几枝"，这红豆就是鸡翅木的果实，所以鸡翅木也叫红豆木、相思木，是我国古代男女之间表达相思的一种信物，所以鸡翅木所制的家具一般都是闺房用品。

在百川通经营之时，渠家与当时的山西巡抚曾国荃、曾国藩以及两广总督张之洞的关系非常密切，官

■ 平遥南大街票号的内部装饰

商联结，百川通更是左右逢源。

　　闺房内的落地富贵穿衣镜就是渠源祯的侄孙与蔚丰厚票号掌柜马中选的女儿结婚时，张之洞送的贺礼，镜子下部由5条行龙盘成"福""禄"两字，人们称为"龙庆福禄"，雕刻工艺非常精湛，是穿衣镜中的极品。

　　后厅是财东生活起居之所，厅内的神龛旁边放置着一个锥形的官帽盒。一般来说，放置在这里的帽子只有顶戴，没有花翎，是商人发家之后花钱买来的虚官，没有实权也不享受国家俸禄，只起到一个光耀门楣的作用。

　　厅内墙上挂有一幅乾隆年间的八扇屏，八扇屏的立体感非常鲜明，叫"堆菱花绣"，是用丝绸裹上蚕丝作成棉子，然后用五彩丝线沿边缘挑绣而成的。

　　八扇屏中间的第六条第一个和最后一个图案都是

花翎　清朝官员和贵族的一种冠饰。武职五品以上、文职巡抚兼提督衔及派往西北两路的大臣，都以孔雀翎为冠饰，缀于冠后，称为花翎，除因军功赏戴者外，离职即摘除。花翎有单眼、双眼、三眼之别，品官必须奉特赏才能戴用，一般为单眼花翎。

■ 平遥南大街票号的炕桌

古街韵味

古色古香的千年古街

瓶子，代表着平安，右边的瓶子旁边是一个如意，代表"文"，左边瓶子旁边是一把宝剑，代表"武"，然后中间绣着琴、棋、书、画，瓶上插牡丹花代表富贵，莲花代表纯洁，兰花代表高雅，瓶下方还绣有八仙，做工面积大，全平遥仅此一幅。

后厅卧室中的床为鸳鸯床，也叫夫妻床，质地属核桃木，床脸上面镂空雕有连枝葫芦，有子孙昌盛、兴旺发达之意。床里边设小条几，条几两头为小抽屉，可存放女子头上的饰物。

墙上悬挂有衣帽钩，叫"十不闲"，也就是说它的功能非常全，没有衣服可挂的时候，挂在墙上也是一个完美的艺术品，不仅美观，而且实用，设计非常巧妙。

书房是文人活动的天地，文化气息非常浓厚。其中，家具在制作工艺上也要求精益求精，典型的书房家具有书桌、画案、博古架和琴桌，书房内的家具古色古香、比例和谐，实用性与艺术性完美结合。

清代家具注重采用雕嵌、绘画等手法，表现含蓄，可以说图必有意，意必吉祥。书房的博古架采用透雕和浮雕两种手法，中间抽屉上浮雕有"龙纹"。

在我国古代，是各种吉祥图案中代表最高的祥瑞，是神武和力量的象征，也是"帝德"和"天威"的标志，只有王爷级别的贵族才可以使用。

中厅内的太师椅制作于明朝，线条简洁，而书房内的两把清代太师椅则雕饰豪华，大面积使用了大理石，并镶嵌有贝壳，在阳光的照耀下，色彩斑斓，熠熠生辉。红色最为漂亮，财东认为这是红运当头，吉祥的兆头。

像这套家具保存比较完整，中间还配有一个小茶几，无论从材质年代、工艺品类以及完整程度来说，各方面都有极高的收藏价值。

书房内还有一把十分特别的椅子，从侧面看，椅子本身能交叉折叠，椅面是鬃条编制的，是官员出门旅行时携带的，一般的椅子都是成双配对，唯有这种

龙纹 清朝龙纹的龙首变化很大，猪嘴收缩，显出下颚比上颚长。长披发或多簇短竿发，睫毛形态多样化，不少以竹叶形描绘。龙纹的第一、第二趾舒展成一直线，爪子犹如踏在平地，有龙身腾舞、爪子却着地受力的韵味。龙身鳞片多半有染色，具有较强的民间艺术色彩。

■ 平遥南大街票号的家居装饰

椅子是单个的，用来体现自己的独一无二。

百川通票号经营之时日利千金，如日中天，财东叱咤商界几十年，称雄一世，令后人仰慕，而票号内的奢侈家私也足以让人身临其境般地体会到财东睿智的商业头脑和豪华的生活情趣，具有十分可观的鉴赏价值。

阅读链接

同治年间，渠源祯投资白银30万两在平遥县南大街开办了"百川通"票号。后来柜上存入了清朝旗人一笔3000万两的巨款，只保存银，不要利息。

"百川通"大走财运，3年结账，每股分红1万余两，渠源祯每次分红10万两，连续分红3次，挣回原来的本钱后，源祯便断然将本金全部抽回。

商界人士十分惊讶，有人问他原因，他说："凡事乐极生悲，买卖有挣就有赔。百川通的存银是旗人的，旗人有权有势，时间一长难免要耍无赖。何况发财也要有够，差不多时就要罢手，这样股息皆得。若到亏损衰败下来就悔之已晚！"

果然，没过多久，百川通的生意就江河日下，一年不如一年。源祯的见识，一时在山西商界被人广传。